C. F. Dietzel

Leitfaden für den Unterricht im technischen Beichnen

C. F. Dietzel

Leitfaden für den Unterricht im technischen Beichnen

ISBN/EAN: 9783743653351

Hergestellt in Europa, USA, Kanada, Australien, Japan

Cover: Foto ©Paul-Georg Meister /pixelio.de

Weitere Bücher finden Sie auf **www.hansebooks.com**

Leitfaden
für den
Unterricht im technischen Zeichnen
an
Real-, Gewerbe-, Handwerker- und Baugewerkenschulen.

Von

Dr. C. F. Dietzel,
Professor am Gymnasium und der damit verbundenen Realschule in Zittau.

Mit Holzschnitten.

IV. Heft.

Die angewandte Projectionslehre.

Dritte verbesserte und vermehrte Auflage.

Leipzig, 1878.
J. M. Gebhardt's Verlag.
(Leopold Gebhardt.)

Die
angewandte Projectionslehre

mit

besonderer Rücksicht auf den Hochbau

nebst den Grundzügen

der

axonometrischen Projectionsmethode.

Von

Dr. C. F. Dietzel.

Mit 78 Holzschnitten.

Dritte verbesserte und vermehrte Auflage.

Leipzig, 1878.
J. M. Gebhardt's Verlag.
(Leopold Gebhardt.)

Inhaltsverzeichniß.

Inhalt des ersten Heftes.
(4. Auflage.)
Die Elemente der Projectionslehre.

	Seite
Einleitung	1
Begriff der Projectionen, zunächst bezogen auf eine gerade Linie	2
Projectionen, bezogen auf eine Ebene	6
Projectionen, bezogen auf zwei senkrechte und festverbundene Ebenen (Grund- und Aufriß)	12
Projection des Punktes auf zwei Ebenen	16
Projection der geraden Linie auf zwei Ebenen	19
Herabschlagen gerader Linien	21
Projection ebener Figuren auf zwei Ebenen	25
Projectionen, bezogen auf drei senkrechte und festverbundene Ebenen (Grundriß, Aufriß, Seitenansicht)	34
Projectionen des Körpers. Schattenlinien	39
Das Prisma und der Cylinder	41
Projection der Pyramide und des Kegels	55
Umdrehungs- oder Rotationskörper	60
Von den Netzen der Körper	63
Von den ebenen Schnitten der Körper	67
Graphische Darstellung der unbegrenzten geraden Linien und Ebenen	81
Die Ebene und die Gerade	86

Inhalt des zweiten Heftes.
(3. Auflage.)

Die Schattenconstruction.

	Seite
Einleitung	1
Lichtstrahlen. Schlagschatten. Kernschatten. Halbschatten	3
Von der Beleuchtung ebener Flächen	7
Entfernung der Fläche vom Auge des Beobachters	10
Lage der Lichtstrahlen gegen die Fläche	14
Von dem Reflexlicht	16
Contraste	19
Beleuchtung krummer Oberflächen	20
Bemerkungen über das Tuschen der Flächen	21
Von der Bestimmung der Schlagschatten	27
Bestimmung des Schlagschattens auf die Projectionsebenen	27
Bestimmung des Schlagschattens auf Ebenen, welche auf einer der Projectionsebenen senkrecht stehen	48
Bestimmung des Schlagschattens auf zwei oder mehrere sich schneidende Ebenen, welche senkrecht auf einer Projectionsebene stehen	51
Bestimmung des Schlagschattens auf eine begrenzte schiefe Ebene	58
Bestimmung des Schlagschattens auf einen Cylinder oder Kegel mit kreisförmiger Grundfläche	60
Bestimmung des Schlagschattens auf Rotationskörper und andere Körper	63
Von der halben Haltung und von den Schattenlinien	69

Inhalt des dritten Heftes.
(3. Auflage.)

Die Elemente der Perspective.

Einleitung	1
1) Die mittelbare Bestimmung der Perspective durch den geometrischen Grund- und Aufriß. Die Perspective des Punktes	11
Die Perspective der geraden Linie	13
Die Perspective ebener Figuren	16
Die Perspective eckiger Körper	18
Die Perspective runder Körper	20
2) Die mittelbare Bestimmung der Perspective unter Zugrundlegung des geometrischen Grundrisses und des Profils	21

	Seite
Wahl des Standpunktes	28
Größe der Augendistanz	30
3) Allgemeine Sätze über die Perspective der Linien, welche zu Abkürzungen des bisherigen Verfahrens führen	31
Von den Parallellinien und deren Verschwindungspunkten	32
Methode des Verschwindungspunktes	37
Verschwindungspunkte horizontaler Linien	38
Verschwindungspunkte beliebiger Linien	40
Bestimmung der Distanz- und Verschwindungspunkte	40
Bestimmung der Verschwindungspunkte vermittelst des geometrischen Grundrisses	43
4) Die Bestimmung des perspectivischen Grundrisses mit Hilfe des geometrischen	45
Benutzung des Augenpunktes und der Distanzpunkte	45
Benutzung des Augenpunktes und einer oder mehrerer Verschwindungs- punkte	48
Vom perspectivischen Winkelmesser	51
Vom halben, viertels und achtels Distanzpunkte	55
Vom Theilpunkt	56
5) Vom perspectivischen Maßstab	59
Perspectivisches Netz	62
Schrägliegendes Netz	63
6) Von der Höhenperspective oder dem perspectivischen Aufriß	64
Die Vergleichung der geometrischen und perspectivischen Höhen	64
Das Auftragen persp. Höhen vermittelst des Augenpunktes, eines Distanz- punktes oder eines Accidentalpunktes	65
Darstellung von horizontalen Ebenen	69
Auftragen von Höhen vermittelst des perspectivischen Maßstabes	74
Darstellung von Parallellinien, deren Verschwindungspunkt außerhalb der Tafel liegt	84
Perspectivische Beleuchtung	89

Inhalt des vierten Heftes.
(3. Auflage.)

Praktischer Theil.

Von den inneren Ansichten und Durchschnitten im Allgemeinen	1
Durchschnitte von Mauern mit Fenstern, Thüren ꝛc.	7
Durchschnitte von Gewölben	10

VIII

	Seite
Das Tonnengewölbe	12
Das Kuppelgewölbe	15
Das Kreuzgewölbe	18
Das preußische Kappengewölbe	22
Das böhmische Kappengewölbe	23
Schattenbestimmung bei Durchschnitten	27
Von den Durchbringungen der Körper	39
Vom Herabschlagen ebener Flächen	45
Von der Ausmittelung der Dachflächen	53
Ebene Dachflächen mit gleicher Neigung und horizontalem Firsten	55
Ebene Dachflächen mit gleicher Neigung und schiefem Firsten	60
Dachflächen mit Windschiefen, aber horizontalem Firsten	61
Vermeidung der Windschiefen durch Anbringung einer Plattform	63
Walmdach mit Wiederkehr	63
Bohlendach	64
Curven auf krummen Oberflächen	67
Die Schraubenlinie	68
Die Schraubenfläche und die Schraube	71
Darstellung von Treppen	74
Grundzüge der axonometrischen Projectionsmethode	83
Isometrische Projection	91
Schiefwinklige Parallelprojection	93

Von den inneren Ansichten und Durchschnitten.

§ 1.

Nachdem wir im ersten und zweiten Heft die graphische Darstellung der Körper und die Bestimmung der Schatten und der Beleuchtung derselben im Allgemeinen behandelt haben, wollen wir nun specieller auf die Bedürfnisse der Praxis eingehen und besonders die beim Hochbau vorkommenden graphischen Darstellungen berücksichtigen.

Die bisherigen Darstellungen, sofern wir sie als äußere Ansichten der Körper aufgefaßt haben, genügen noch nicht in allen Fällen den praktischen Bedürfnissen, da sie uns bei Körpern mit hohlen Räumen keinen Aufschluß über die Gestalt, Lage und Größe der letzteren geben; auch bei Körpern, welche aus verschiedenen Theilen bestehen, ergiebt sich diese Zusammensetzung und die Art der Verbindung nicht allemal aus der äußeren Ansicht.

Man kann zwar in einfachen Fällen, wie z. B. bei Verzapfungen u. s. w. die im Innern der Körper liegenden Grenzlinien in den äußeren Ansichten **durch punktirte Linien** andeuten; allein bei zusammengesetzten Gegenständen kommt man damit nicht aus, sondern man muß den bisherigen äußeren Ansichten noch sogenannte **Durchschnitte mit inneren Ansichten** hinzufügen. In vielen Fällen läßt man sogar eine oder die andere der äußeren Ansichten ganz weg und wählt dafür einen Durchschnitt. Bei der Darstellung von Maschinen geschieht dies sehr häufig und bei Bauzeichnungen wenigstens in Bezug auf die Ansicht von

oben, welche durch horizontale Durchschnitte ersetzt wird, die zugleich voll=
ständigen Aufschluß über die innere Eintheilung, die Mauerstärken u. s. w.
geben, was bei der Ansicht von oben nicht der Fall sein würde.

§ 2.

Die Fläche, längs welcher man sich bei Darstellung der Durchschnitte
einen Körper durchschnitten denkt, ist in der Regel eine Ebene, welche wir
die Durchschnittsebene nennen wollen. Da bisweilen eine einzige
Ebene nicht alle diejenigen Theile trifft, welche man im Durchschnitt dar=
stellen will, so wählt man in solchen Fällen als Durchschnittsfläche zwei
oder mehrere Ebenen, die man aber in der Regel parallel annimmt, damit
man dieselben auf einer Zeichnungsebene, die parallel diesen Durchschnitts=
ebenen zu denken ist, an einander reihen kann, so daß die verschiedenen
Absätze der ebenen Durchschnittsflächen in der wahren Größe erscheinen.
Wir werden im Folgenden immer nur eine Durchschnittsebene annehmen;
besteht in der Praxis der Durchschnitt aus mehreren Ebenen, so ist in
Bezug auf jede derselben ebenso zu verfahren, wie in Bezug auf die eine,
von uns dargestellte.

Wenn ein durchaus massiver Körper durchschnitten wird, so besteht
der Durchschnitt in der Hauptsache aus der ebenen Durchschnittsfigur,
welche, wie Heft I, in der wahren Größe darzustellen ist. Außer=
dem müssen aber die auf der einen Seite der Durchschnitts=
ebene liegenden und hervortretenden Flächen noch dar=
gestellt werden, und zwar als Projectionen bezogen auf
die Durchschnittsebene.

Wird z. B. eine Pyramide parallel mit der Grundfläche durch=
schnitten und man denkt sich den nach der Spitze zu liegenden Theil weg,
so sind außer der durchschnittenen Fläche noch die an dieselbe angrenzenden
trapezförmigen Seitenflächen darzustellen, die man in diesem Falle leicht
erhält, wenn man die Grundfläche, welche in der wahren Größe erscheint,
darstellt und deren Eckpunkte mit denen der Durchschnittsfigur verbindet.
(S. Fig. 2.)

Wird ein Kegel durchschnitten und der nach der Spitze zu liegende
Theil weggedacht, so wird der noch sichtbare Theil des Mantels nur

durch die scharfkantigen Grenzen der Durchschnittsfläche und Grundfläche angedeutet.

Wird eine Kugel excentrisch durchschnitten und der kleinere Kugelabschnitt weggedacht, so wird der noch sichtbare Theil der Oberfläche durch zwei concentrische Kreise, von denen der eine die Durchschnittsfigur, der andere ein größter Kugelkreis ist, der den äußersten Umriß angiebt, dargestellt.

§ 3.

Wenn die außer der eigentlichen Durchschnittsfigur noch darzustellenden sichtbaren ebenen Flächen nicht parallel, sondern schräg gegen die, als Projectionsebene zu betrachtende, Durchschnittsebene liegen, so erscheinen dieselben nicht in der wahren Größe. In solchen Fällen denke man sich von jedem darzustellenden Punkte ein Loth auf die Durchschnittsebene gefällt, so ist dessen Fußpunkt die Projection des entsprechenden Punktes.

Liegen vor Herstellung des Durchschnitts bereits zwei andere Projectionen des Gegenstandes vor, so kann man die Lage eines Punktes im Durchschnitt aus denselben entnehmen, und zwar die Lage in der Breitenrichtung (die Abscisse) aus der einen Projection (dem Grundriß), und die Lage in der Höhenrichtung (die Ordinate) aus der andern (dem Aufriß).

Beim Durchschnitt hohler Körper hat man sowohl die außerhalb, als die innerhalb des hohlen Raumes liegenden sichtbaren Flächen in der angegebenen Weise darzustellen.

§ 4.

Haltung der Durchschnitte. Um die vom Durchschnitt getroffenen, also wirklich durchschnittenen Theile des Körpers von den außerhalb der Durchschnittsebene liegenden und nach § 2 und 3 auf dieselbe zu projicirenden Flächen in der graphischen Darstellung zu unterscheiden, werden die ersteren entweder gleichmäßig schraffirt oder mit einem Tuschton oder mit einem, dem Material entsprechenden Farbenton gleichmäßig übergangen, während die außerhalb der Durchschnittsebene liegenden Flächen ent=

weber linear gehalten oder nach den in Heft II angegebenen Regeln getuscht werden.

In Bezug auf Durchschnitte gilt ganz besonders das, was Heft II über die ganze oder halbe Haltung oder die Schraffirmethode gesagt worden ist. Trifft die Durchschnittsebene auf verschiedene Körper oder auf verschiedenes Material, z. B. Mauerwerk, Holz, Eisen ɪc., so wird dies bei der Schraffirmethode durch verschiedene Richtung, ungleiche Stärke oder ungleichen Abstand der Schraffirstriche bei den verschiedenen Theilen angedeutet oder bei der bunten Manier durch das verschiedene Colorit hervorgehoben.

§ 5.

Richtung der Durchschnittsebene. Man könnte im Allgemeinen der Ebene des Durchschnitts jede beliebige Neigung gegen die Projections=ebenen geben und in der That geschieht dies bisweilen, z. B. bei der Darstellung der Durchschnitte einzelner Maschinentheile.

In der Mehrzahl der Fälle aber wird die Ebene des Durchschnitts entweder horizontal oder vertikal angenommen; insbesondere gilt dies bei Baurissen als Regel.

Liegt die Durchschnittsebene horizontal, so heißt der Durchschnitt ein Horizontaldurchschnitt, bei vertikaler Lage derselben ein Vertikal=durchschnitt. In vielen Fällen werden zwei Vertikaldurchschnitte darge=stellt und man nennt den in Richtung der längeren Dimension liegenden den Längendurchschnitt, während der in Richtung der kürzeren Dimen=sion liegende der Querdurchschnitt genannt wird.

Am einfachsten läßt sich dem Anfänger eine Vorstellung vom Wesen der Durchschnitte beibringen, wenn man vom Horizontaldurchschnitt eines Gebäudes, den man kurzweg den Grundriß nennt, ausgeht. Denkt man sich ein Gebäude bis über die Sohlbänke der Fenster aufgeführt und alle Mauern horizontal abgeglichen, so würde man, wenn man sich die oberen Mauerflächen ɪc. mit einer abfärbenden Substanz überstrichen und auf einer darauf gelegten ebenen Fläche sich einen Abdruck erzeugt denkt, die Haupttheile des horizontalen Durchschnitts in der wahren Größe er=

halten. Außer den so erhaltenen, wirklich durchschnittenen Theilen, müssen noch die Theile, welche von oben gesehen sichtbar sind, wie die Treppenstufen ꝛc. dargestellt werden, die man, wie § 2 u. ff. angegeben worden, auf die Durchschnittsebene projicirt. In manchen Fällen stellt man auch noch die oberhalb der Durchschnittsebene liegenden Theile dar, um so die, von der Durchschnittsebene getrennten Theile als Ganzes zu erhalten. Dies geschieht z. B. in der Regel bei Treppen. In solchen Fällen pflegt man aber die auf der einen Seite der Durchschnittsebene gelegenen Theile durch ausgezogene und die auf der andern Seite liegenden durch punktirte Linien anzugeben.

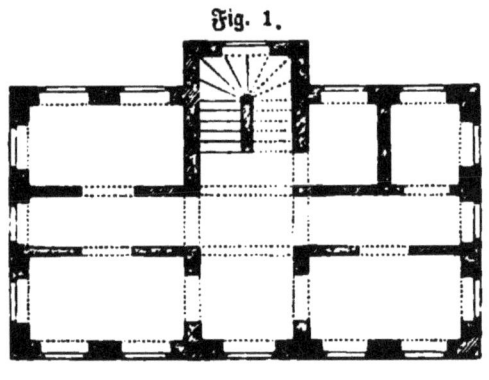

Fig. 1.

§ 6.

Von Wichtigkeit ist es, daß man bei Betrachtung eines Durchschnitts die Richtung kennt, in welcher der dargestellte Gegenstand durchschnitten worden ist. Liegt noch eine andere Ansicht vor, auf deren Ebene die Durchschnittsebene senkrecht steht, so projicirt sich die letztere auf der ersteren als gerade Linie. Wird diese Linie mit angegeben, so ist dadurch die Lage der Durchschnittsebene festgestellt.

So wird ein Horizontaldurchschnitt im Aufriß oder in der Seitenansicht und ein Vertikaldurchschnitt im Grundriß als gerade Linie erscheinen, durch welche die Lage des Durchschnitts markirt wird. Diese Linie giebt man gewöhnlich an, bezeichnet sie mit Buchstaben, z. B. AB und schreibt über den dazu gehörigen Durchschnitt: „Durchschnitt nach AB".

Diese Linie hat zugleich noch eine andere wichtige Bedeutung, indem sie als die Projectionsachse der Durchschnittsebene angesehen werden kann. Dieselbe enthält die Breiten des Durchschnitts, welche man als Abscissen aufträgt, während man die dazu gehörigen Ordinaten nach den bei ebenen Durchschnitten dargelegten Regeln aus einer andern Ansicht entnehmen kann. Auch werden wir weiter sehen, wie vermittelst dieser Linie die Abscissen der Theile, welche nicht vom Durchschnitt getroffen worden sind, welche aber nach § 3 dargestellt werden müssen, festgestellt werden können.

Wenn z. B. die in Fig. 2 dargestellte vierseitige Pyramide in Richtung der Linie AB horizontal durchschnitten wird, so entnimmt man auf AB die Breite des durchschnittenen Theils, während durch Herabloten sich im Grundriß die Höhen der Durchschnittsfigur ergeben. Denkt man sich den über AB liegenden Theil der Pyramide weg und stellt außer der Durchschnittsfigur den untern Theil dar, so erscheint der Umfang der Grundfläche, da dieselbe parallel mit dem Durchschnitt ist, in der wahren Größe, während die trapezförmigen Seitenflächen, die man durch Verbindung der Eckpunkte der Grundfläche mit der Durchschnittsfigur erhält, verkürzt erscheinen.

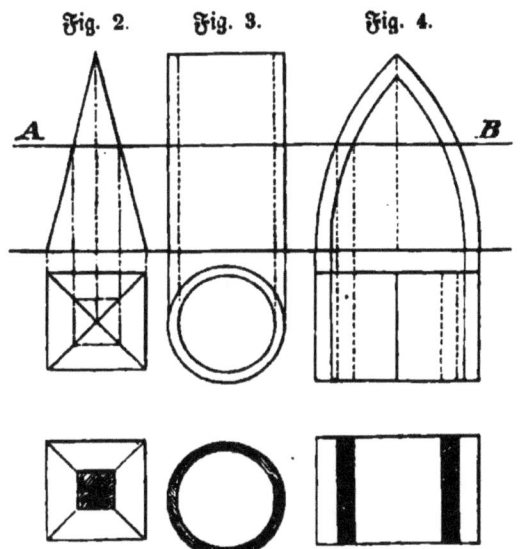

Horizontaldurchschnitte nach AB.

In Bezug auf die Fig. 3 dargestellte hohle Walze und das spitzbogenförmige Tonnengewölbe Fig. 4, welche beide Körper ebenfalls nach AB durchschnitten und im Durchschnitt von oben gesehen dargestellt sind, wird hiernach kaum noch eine Bemerkung nöthig sein.

Diese über Durchschnitte im Allgemeinen vorausgeschickten Bemerkungen wollen wir nun in einer Reihe von Beispielen, bei welchen wir besonders einzelne Theile von Gebäuden berücksichtigen werden, weiter ausführen.

Durchschnitte von Mauern.

§ 7.

Ueber die durch volle Mauern gelegten Durchschnitte ist wenig zu sagen: Bei Horizontalburchschnitten erscheint die Länge und Dicke und bei Vertikalburchschnitten die Länge und Höhe oder die Dicke und Höhe der Mauer in der wahren Größe. Bei durchaus rechtwinkligen Mauern sind die Durchschnittsfiguren Rechtecke, bei geböschten Mauern sind die Vertikaldurchschnitte Trapeze, in welchen die Mauerdicke entweder unverändert oder größer erscheint, je nachdem die Durchschnittsebene senkrecht auf den Längenkanten der Mauer steht oder nicht.

Fig. 5.

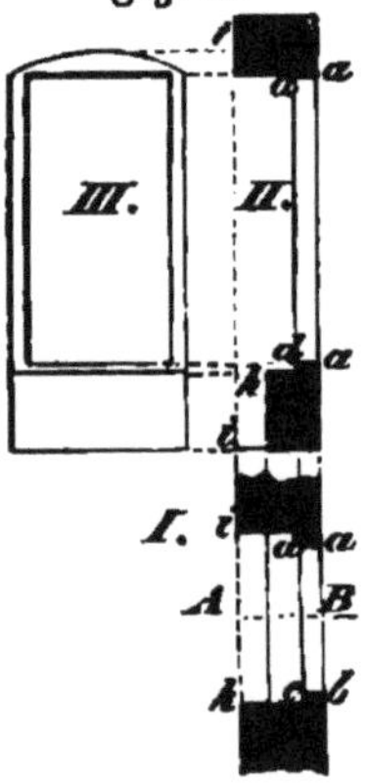

Vertikaldurchschnitte, welche durch die ganze Länge einer Mauer gehen, wird man vermeiden, da dieselben nur eine einförmige Fläche geben, durch welche möglicherweise andere wichtige Objecte verdeckt werden.

Das über Mauern Gesagte gilt auch für Sockel, Gesimse u. s. w.; wird ein zur Verstärkung der Mauer angesetzter Pfeiler nicht von der Durchschnittsebene getroffen, so ist derselbe, als bloße Projection auf die Durchschnittsebene, linear zu halten.

Ebenso müssen Fenster, Thüren und andere Oeffnungen, welche durchschnitten werden, linear gehalten werden, während der übrige volle Theil der Mauer schraffirt oder colorirt werden muß. (§ 4.)

Fig. 6.

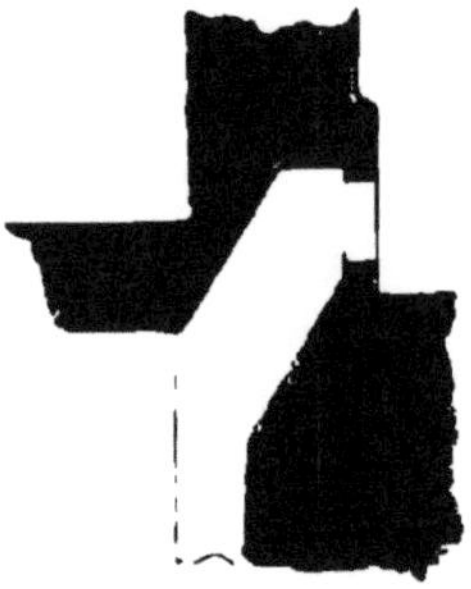

In Fig. 5 stellt I den Grundriß und III die innere Ansicht eines Fensters dar; a b c d ist der Anschlag nach außen, d e h g f c die Fensterbrüstung, soweit sie voll gemauert ist und d e i k f c die ganze innere Fenstervertiefung. Um einen Querdurchschnitt in Richtung der Linie A B im Grundriß zu erhalten, entnehme man auf A B die Breiten, die man in II als Abscissen auf die Grundlinie trägt, während man die dazugehörigen Höhen oder Ordinaten aus III entnimmt. Daß d e i eine krumme Fläche ist, deutet man durch das Tuschen derselben an.

Wenn die Form der Keller- und Souterrainfenster nicht aus Grundriß und Façade zu entnehmen ist, so legt man den Durchschnitt so, daß eines derselben durchschnitten wird; Fig. 6 stellt ein solches Fenster im Durchschnitt dar, dessen Gestalt, je nachdem es sich um Gewinnung von möglichst viel Licht handelt, verschieden gewählt wird.

§ 8.

Fig. 7, I stellt den Grundriß eines Zimmers mit einer Thür bei A und mehreren Fenstern dar.

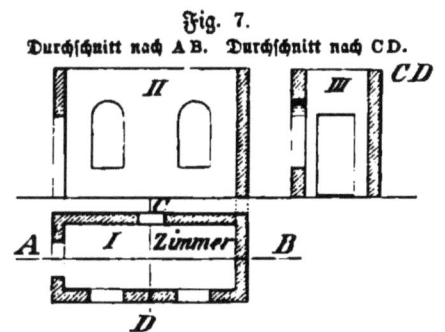

Fig. 7.
Durchschnitt nach A B. Durchschnitt nach CD.

Der in Richtung der Linie A B gelegte und in II dargestellte Längendurchschnitt geht durch die Thüre bei A, daher dieselbe in II linear bleibt, während die vollen Mauern zu schraffiren sind. Richtet man das Auge nach D hin, so sieht man zwei Fenster, welche in II linear darzustellen und in der wahren Größe aufzutragen sind, da A B parallel der Wandfläche ist, welche diese Fenster enthält.

Der Querdurchschnitt nach C D geht durch ein Fenster bei C, welches in III links linear geblieben ist: das Auge denkt man sich nach A gerichtet, dann erscheint in III die Thüre bei A in der wahren Größe.

§ 9.

Projection von Flächen, welche schräg gegen den Durchschnitt liegen.

Denkt man sich von jedem, im Durchschnitt darzustellenden Punkte ein Loth auf die Durchschnittsebene gefällt, so ist dessen Fußpunkt die Projection des Punktes im Durchschnitt.

Diesen im Raume auf die Durchschnittsebene gefällten Lothen entsprechen, wenn es sich um einen Vertikaldurch-

schnitt handelt, die im Grundriß von den entsprechenden
Punkten auf die Durchschnittslinie AB gefällten Lothe.

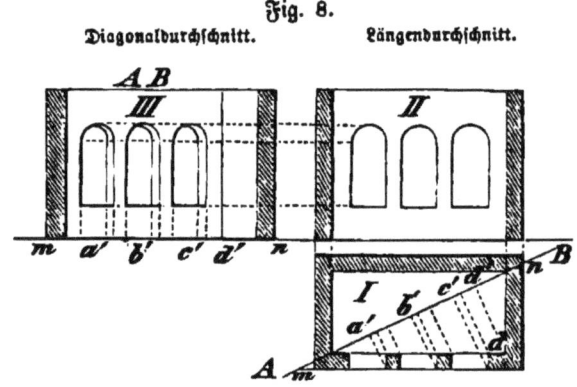

Fig. 8.
Diagonaldurchschnitt.   Längendurchschnitt.

Um daher die Breiten (Abscissen) der im Durchschnitte sichtbaren Punkte zu erhalten, kann man, statt im Raume Lothe auf die Durchschnittsebene zu fällen, im Grundriß Lothe auf die Durchschnittslinie AB fällen; trägt man die dadurch auf AB entstandenen Abschnitte auf die Grundlinie des Durchschnitts über, so ergeben sich die Abstände der dazu gehörigen Punkte in der Breitenrichtung, während man die denselben entsprechenden Höhen aus einer vertikalen Ansicht entnimmt.

Wenn z. B. Fig. 8, I der Grundriß und II der Längendurchschnitt eines Zimmers ist und es soll aus denselben ein beliebiger anderer Vertikaldurchschnitt, z. B. in Richtung der Diagonale AB, abgeleitet werden, so entnehme man zuerst auf AB die begrenzte Länge mn und die Mauerdicken, die man auf die Grundlinie nach III überträgt; hierauf fälle man in I von der Mauerecke d und von den sichtbaren Eckpunkten der Fenster Lothe auf AB und trage die dadurch erhaltenen Abstände ma', mb', mc' u. s. w. auf die Grundlinie nach III über, so ergiebt sich die Lage der Mauerkante d und der Fenster in der Breitenrichtung im Durchschnitt III, während man die dazu gehörigen Höhen aus II entnimmt.

§ 10.

Wenn, wie in voriger Aufgabe, Halbkreise oder andere Bogen, deren Ebenen schräg gegen den Durchschnitt liegen, zu projiciren sind, so genügt bei kleinem Maßstabe die Bestimmung dreier Punkte.

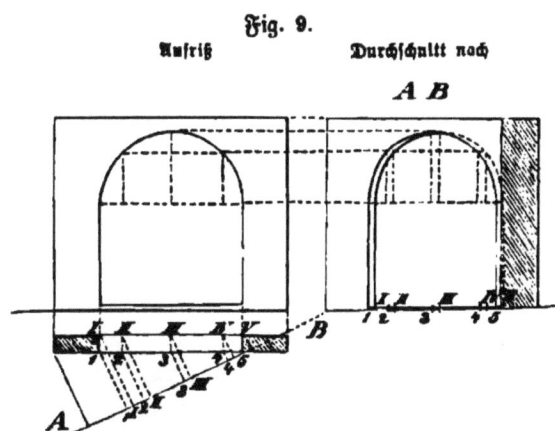

Fig. 9.

Bei größerem Maßstabe muß man aber noch einige Zwischenpunkte bestimmen, die man am besten symmetrisch auf beiden Seiten des Mittelpunktes annimmt, so daß dieselben paarweise gleiche Abscissen und Ordinaten haben, wie z. B. die Punkte II, 2 und IV, 4 in Fig. 9. Die dazu gehörigen Höhen sind aus dem über dem Grundriß liegenden Aufriß entnommen worden, und zwar vom horizontalen Durchmesser des halbkreisförmigen Bogens ab. Man hätte statt dessen auch im Grundriß diesen Halbkreis umgeklappt darstellen und die den Punkten I, II, III, ... entsprechenden Ordinaten davon abnehmen und auf den Durchschnitt übertragen können.

Ganz analog ist das Verfahren bei Stichbogen, Spitzbogen u. s. w.

Durchschnitte von Gewölben.

§ 11.

Begriff der Gewölbe und verschiedene Form derselben. Wenn ein zwischen Mauern (Widerlagern) oder einzeln stehenden Pfeilern

liegender Raum durch eine, meist centrale Zusammensetzung ein=
zelner Steine eine massive Ueberlage oder Decke erhält, die nur auf
den Widerlagern oder Pfeilern aufruht, im Uebrigen aber freischwebt, so
heißt eine solche Decke eine **Wölbung**, ein **Gewölbe** oder ein **Bo=
gen** (Gurtbogen, Strebebogen u. s. w.).

Die untersten, auf dem Widerlager aufruhenden Steine der Wölbung
heißen die **Anfänger**, die obersten die **Schlußsteine**. Die innere
Kantenlinie, längs welcher das Gewölbe auf dem Widerlager aufruht,
heißt die **Kämpferlinie** und der derselben zunächst liegende Theil des Wider=
lagers, wenn er besonders ausgezeichnet wird, der **Kämpfer**. Die innere,
von unten gesehene Wölbfläche wird die **Leibung**, die äußere, von oben
gesehene der **Rücken** und eine von außen gesehene, in der Front liegende
Bogeneinfassung die **Stirnfläche** oder **Stirn** genannt. Stößt die
Stirnfläche an eine Mauer an, so heißt dieselbe die **Stirn= oder
Schildmauer**. Der wagerechte Abstand zweier am weitesten entfernten
Punkte der Kämpferlinie heißt die **Spannung** oder **Sprengung**
und der lothrechte Abstand derselben vom innern Gipfel des Gewölbes
die **Höhe des Gewölbes**. Die Höhe kann für verschiedene Theile des
Gewölbes gleich oder verschieden sein.

Die **Achse des Gewölbes** heißt die Linie, auf welcher die
Mittelpunkte aller auf der Leibung befindlichen Bogenlinien enthalten
sind. Der Rücken des Gewölbes kann entweder die nämliche oder auch
eine eigene Achse haben. Die Bogen, nach welchen die Leibung, der
Rücken oder die Kämpferlinien gekrümmt sind, können sehr verschieden
sein, z. B. ein voller Halbkreis, ein flacher oder Stichbogen, ein elliptischer,
ein gothischer oder Spitzbogen, ein steigender oder geschobener Bogen, eine
Kettenlinie u. s. w.

Ebenso kann die gesammte Gestalt des Gewölbes sehr verschieden sein,
und man unterscheidet nach derselben Tonnengewölbe, Kreuzgewölbe, Kloster=
gewölbe, gothische Gewölbe, Kuppelgewölbe, Kappengewölbe, Spiegel=
gewölbe, Muldengewölbe u. s. w.

§ 12.

Da die graphische Darstellung eines Gegenstandes voraussetzt, daß man den Gegenstand selbst kenne, so war es nöthig, die wichtigsten, bei der Gewölblehre vorkommenden Benennungen vorauszuschicken. Es würde dagegen am unrechten Orte sein, wollten wir hier versuchen, einen Abriß der Theorie der Gewölbe einzuschalten. Wir werden uns vielmehr nur darauf beschränken, einige der gebräuchlichsten Gewölbearten, wie sie in der Praxis vorkommen, herauszugreifen und werden zeigen, was der Anfänger bei Darstellung der Durchschnitte derselben zu beobachten hat, wodurch derselbe die Befähigung erlangen wird, auch Durchschnitte von anderen ihm bekannten Gewölbeformen zu construiren.

Wir werden dabei das Gewölbe nur nach seiner Form im Ganzen auffassen, ohne den innern Verband der einzelnen Steine, den sogenannten Steinschnitt, hervorzuheben, damit die Aufmerksamkeit des Anfängers nicht durch gleichzeitige Berücksichtigung verschiedener Umstände zersplittert wird. Ebenso werden wir in Bezug auf die Dimensionen, welche den einzelnen Theilen unter verschiedenen Verhältnissen zu geben sind, keine speciellen Angaben machen, um dem bauwissenschaftlichen Unterricht nicht vorzugreifen.

§ 13.

Das Tonnengewölbe. Denkt man sich einen centrisch ausgehöhlten geraden Kreiscylinder durch eine längs der Achse gehende Ebene in zwei Hälften zerschnitten und die Schnittfläche der einen auf zwei horizontal abgeglichene Widerlagsmauern aufgelegt, so entsteht ein Tonnengewölbe im engern Sinne. Dieses einfache und regelmäßige Tonnengewölbe werden wir im nächsten § in verschiedenen Durchschnitten darstellen, wollen aber nicht unterlassen, zu bemerken, daß es außer diesem noch verschiedene Modificationen dieser Gestalt giebt.

Es können z. B. die Stirnflächen schief auf der Wölbachse stehen, dann entsteht ein schiefes Tonnengewölbe; es können ferner die Kämpferlinien schräg gegen den Horizont liegen, wodurch das Gewölbe steigend oder fallend wird; die Cylinderform kann in eine konische übergehen, so daß die Wölblinien der Stirnflächen nicht mehr congruent sind; statt der Kreislinie kann das Gewölbe nach einer andern Curve gewölbt sein u. s. w. Diesen verschiedenen Modificationen entsprechen verschiedene Benennungen, z. B. das Horn oder das Horngewölbe bei ungleicher Länge der Widerlager; das hängende oder absteigende Gewölbe bei schiefen Kämpferlinien; das einhüfftige oder Hufgewölbe bei ungleicher Höhe der Widerlager; das verschobene Gewölbe, wenn beide Gewölbtheile vom Scheitel ab ungleiche Schenkelbiegung haben, wie bei den steigenden Bogen; das Spindelgewölbe, wenn die Kämpferlinien Schraubenformen haben, wie bei Wendeltreppen u. s. w.

Endlich kann man sich einzelne Stücke aus Tonnengewölben herausgeschnitten denken, z. B. sogenannte Kappen und Wangen und kann dieselben unter sich oder mit anderen Gewölben in Verbindung bringen, wodurch ganz andere Gewölbeformen entstehen, von denen wir die gebräuchlichsten behandeln werden.

§ 14.
Durchschnitt des halbkreisförmigen Tonnengewölbes.

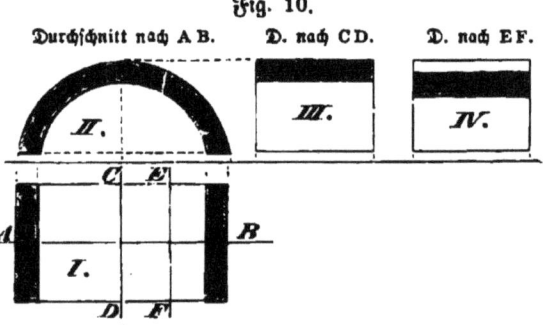

Fig. 10.

Wenn Fig. 10 I der Grundriß und II ein in Richtung der Linie AB senkrecht gegen die Wölbachse geführter Vertikaldurchschnitt eines regelmäßigen Tonnengewölbes ist, so erscheint der letztere gleich der Stirnfläche des Gewölbes.

Legt man ferner durch die Wölbachse in Richtung der Linie CD einen Längendurchschnitt Fig. III, so erscheint der durchschnittene Theil als ein Rechteck, dessen Grundlinie gleich der Länge und dessen Höhe gleich der Scheiteldicke des Gewölbes ist. Außerdem ist die innere hohle Fläche, die Leibung, sichtbar, welche als Rechteck erscheint.

Geht der Durchschnitt nicht durch den Scheitel des Gewölbes, sondern in der Richtung der Linie EF parallel mit der Wölbachse, so ist die durchschnittene Fläche ebenfalls ein Rechteck, dessen Länge aus dem Grundriß EF zu entnehmen ist und dessen Breite sich ergiebt, wenn man die auf der Projectionsachse senkrechte Durchschnittslinie EF bis zum Aufriß oder Querschnitt verlängert und die Höhen der erhaltenen Einschnittspunkte auf den Durchschnitt nach EF überträgt. Richtet man das Auge von EF nach A hin, so sieht man oben ein Stück äußere und unten ein Stück innere Wölbfläche, welche beide als Rechtecke erscheinen.

Um endlich einen diagonalen Durchschnitt nach IK Fig. 11 zu erhalten,

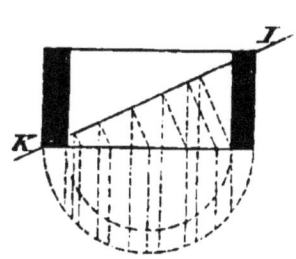

Fig. 11.
Durchschnitt nach K I.

welcher von zwei elliptischen Bogen begrenzt ist, halbire man die Durchschnittslinie IK und nehme auf beiden Seiten symmetrisch gelegene Punkte an, deren Abstände man auf die Grundlinie des Durchschnitts als Abscissen überträgt, während die dazu gehörigen Ordinaten entweder aus dem Querschnitt Fig. 10 II, oder aus der im Grundriß Fig. 11 umgeklappten Stirnfläche des Gewölbes, auf deren Durchmesser man von den auf KI angenommenen Punkten Lothe fällt, die man bis an die Peripherie verlängert, entnommen und auf den Durchschnitt übertragen werden können.

Außer der so erhaltenen Durchschnittsfigur ist noch ein Theil der innern Wölbfläche, welcher von der Durchschnittsfigur einerseits und von dem innern Bogen der Stirnfläche andererseits begrenzt ist, sichtbar. Dieser innere Bogen wird auf dieselbe Weise, wie § 10 Fig. 9 angegeben worden, erhalten. Die auf dessen Grundriß (Durchmesser des umgeklappten Halbkreises) anzunehmenden Bestimmungspunkte kann man so wählen, daß einzelne Hilfslinien, welche zur Darstellung der Durchschnittsfigur benutzt worden, auch jetzt wieder gebraucht werden können. Die Fußpunkte der auf KI gefällten Lothe geben die Grenzen der Abscissen und die auf dem Durchmesser errichteten und vom Halbkreis begrenzten Senkrechten die Ordinaten im Durchschnitt.

Durchschnitt des Kuppelgewölbes.

§ 15.

Der Durchschnitt eines kreisförmigen Kuppelgewölbes über einem kreisförmigen Raum bietet gar keine Schwierigkeiten dar. Ist der Durchschnitt horizontal, so ist die Durchschnittsfigur ein Kreisring, den wir Fig. 12 im Grundriß nur zur Hälfte angedeutet haben: hat die innere Wölbfläche Verzierungen, z. B. Kassettenfelder, so zeichnet man, um dieselben darzustellen, die obere Ansicht der innern Wölbfläche. Die vertikalen Durchschnitte sind ebenfalls durch Kreise begrenzt; geht ein solcher durch den Scheitel des Gewölbes, so erhält man als Grenzen größte Kugelkreise, wie Fig. 12 im Aufriß; in jedem andern Falle sind die Grenzen der Durchschnittsfigur kleinere Kreise, deren Durchmesser aus dem Grundriß zu entnehmen sind (Sehnen auf der Durchschnittslinie); der äußere Umriß ist immer ein größter Kreis, der Fig. 12 mit der äußern Grenze der Durchschnittsfigur zusammenfällt; die obere kreisförmige Oeffnung dient zur Erleuchtung des überwölbten Raumes.

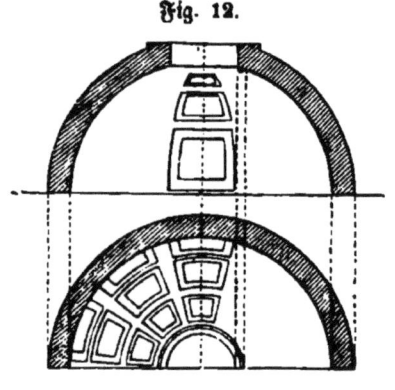

Fig. 12.

§ 16.

Kreisförmige Kuppelwölbung über einen quadratischen Raum. Wir wollen uns zuerst das Gewölbe ohne Dicke denken, um uns über die Linien klar zu werden, welche bei Darstellung eines Durchschnitts in Betracht kommen.

Es sei a b c d Fig. 13 ein Quadrat, um welches ein Kreis beschrieben ist, der die Grundfläche einer Halbkugel darstellt. Denkt man sich über den Seiten des Quadrats lothrechte Ebenen errichtet, so daß jede derselben von der Halbkugel ein Stück abschneidet, dann ist der übrigbleibende Theil der Halbkugel an der Grundfläche von einem Quadrat und an den Seiten von vier Halbkreisen, deren Durchmesser die Seiten des Quadrats sind, begrenzt; die obere Fläche ist ein Stück der Halbkugel, welches wir ein sphärisches oder Kugelviereck nennen wollen — obwohl die dasselbe begrenzenden Bogen nicht, wie es bei den sphärischen Vierecken im engern Sinne der Fall ist, Bogen größter Kugelkreise, sondern Bogen kleinerer Kugelkreise sind.

Fig. 13.

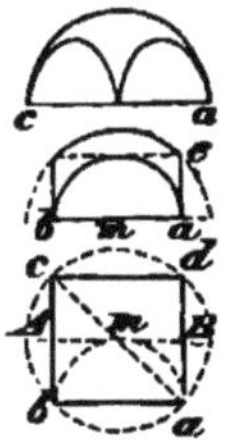

Der Grundriß dieses aus der Halbkugel herausgeschnittenen Körpers ist ein Quadrat, der darüber gezeichnete Aufriß enthält zuerst den vordern Halbkreis über a b in der wahren Größe, ferner die beiden Halbkreise über b c und a d, welche als gerade Linien erscheinen und ein zwischen den letzteren liegendes Stück eines von m aus beschriebenen größten Kugelkreises.

Durchschneidet man diesen Körper in Richtung der Diagonale a c, so ist die Durchschnittsfigur durch das sphärische Viereck ein durch den Scheitel gehender größter Kreis, dessen Durchmesser a c ist. Denkt man sich den Körper hohl, so sind überdies zwei an die Durchschnittsebene anstoßende kleinere Kugelkreise, z. B. die über c d und a d sichtbar, wenn man das Auge nach d hin richtet; deren Projectionen auf die Durchschnittsebene sind halbe Ellipsen, welche, wie Fig. 9 und 11 gezeigt worden, zu construiren sind.

§ 17.

Die § 16 gegebene Darstellung bildet die Grundlage für die Construction der durch ein Kuppelgewölbe mit quadratischer Grundfläche gelegten Durchschnitte, indem man nur statt des Fig. 13 zu Grunde gelegten Quadrats a b c d zwei Quadrate mit auf einander fallenden Diagonalen anzunehmen und die zwischen denselben liegende Fläche als Grundfläche der Umfassungsmauern eines durch eine Kuppel zu überwölbenden Raumes anzusehen hat.

Denkt man sich um das innere Quadrat einen Kreis und über diesem eine Halbkugel beschrieben, von welcher die Theile abgeschnitten werden, welche außerhalb der verlängerten inneren Wandflächen liegen, so ist das von der Oberfläche der Halbkugel übrig bleibende Kugel=Viereck die innere Wölbfläche der Kuppel über dem innern quadratischen Raum.

Die vier halbkreisförmigen Wandbogen bilden den Aufstand der Kuppel; eine durch die Scheitel dieser vier Halbkreise gelegte Horizontal=
ebene schneidet die Kuppel in einem vollen Kreise, dessen Projection im Grundriß die Seiten des innern Quadrats berührt.

In den Ecken haben die Mauern eine Verstärkung erhalten, welche die Pfeiler der Wandbogen repräsentirt.

Fig. 14.

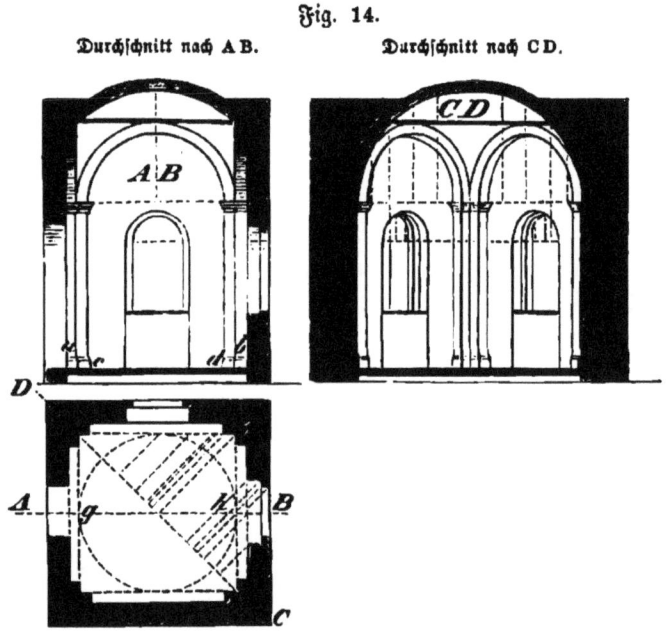

Durchschnitt nach AB.   Durchschnitt nach CD.

Ein durch den Scheitel des Gewölbes gelegter Durchschnitt nach der Linie AB Fig. 14, welcher zwei Wände rechtwinklig schneidet und mit den beiden anderen parallel ist, trifft rechts ein Fenster, links eine Thüre, welche nach § 7 darzustellen sind. Nächst den Mauern erscheinen die Eckpfeiler mit Sockel und Kämpfer in der wahren Breite, zwischen den=
selben der dem Durchschnitt gegenüberliegende Wandbogen, in welchem sich die Kuppelwölbung an die Stirnmauern anschließt. Der vom Durchschnitt getroffene Theil des Gewölbes beginnt von den Scheiteln der Wandbogen

bei g und h im Grundriß und geht durch den Scheitel der Kuppel. Aus diesen Bemerkungen ergiebt sich die Construction von Fig. II von selbst.

Der Diagonalschnitt nach CD geht ebenfalls durch den Scheitel der Kuppel und beginnt, was das Gewölbe anlangt, bei den Anfängern i und b der Wandbogen, daher erscheint der Durchschnitt der inneren und äußeren Wölblinie als voller Halbkreis. Die in Fig. III sichtbaren Eckpfeiler, Bogen und Fenster werden nach § 9 und 10 auf die Durchschnittsebene projicirt, wie die zum Theil angegebenen Hilfslinien andeuten. Wenn der Durchschnitt nicht durch den Scheitel des Gewölbes geht, so ist die Durchschnittsfigur von kleineren Kugelkreisen begrenzt, deren Durchmesser von der Durchschnittslinie im Grundriß zu entnehmen sind. In diesem Falle sieht man ein Stück der äußern Wölbfläche, deren Umriß ein Theil eines größten Kugelkreises ist, der sich über der Durchschnittsfigur erhebt und selbstverständlich mit den Durchschnitten nach AB und CD einerlei Scheitelhöhe haben muß. Wir werden später beim böhmischen Kappengewölbe einen Fall dieser Art darstellen.

§ 18.

Durchschnitt eines regulären Kreuzgewölbes. Denkt man sich aus den gegenüberliegenden Ecken eines Vierecks Fig. 15 (Grundriß) zwei diagonale Bogen a b und c d gewölbt, welche sich über dem Mittel= punkt (Schwerpunkt) der lichten Grundfläche kreuzen, so entstehen zwischen denselben vier leere Räume, welche von je zwei Bogenstücken einerseits und von den anstoßenden Wandflächen andererseits begrenzt, nach oben und unten aber offen sind. Werden diese Räume wieder für sich, aber durch Ge= wölbe von geringerer Stärke, ausgewölbt, so entsteht ein Kreuzgewölbe.

Die sich durchkreuzenden Hauptbogen a b und c d nennt man Grate und die zwischen denselben und den Mauern liegenden eigentlichen Gewölbe heißen die Kappen oder Kreuzkappen.

Wir haben Fig. 15 als Grundfläche des zu überwölbenden Raumes ein Quadrat angenommen; man kann aber auch über unregelmäßige vier= seitige, fünfseitige Räume u. s. w. Kreuzgewölbe spannen, indem man aus allen Ecken Gratbogen wölbt, welche sich über dem Schwerpunkt der Grundfläche kreuzen; je zwei benachbarte derselben werden ebenfalls durch

Kappen ausgewölbt, welche sich an die dazwischen liegenden Wandflächen, welche als Schildmauern der Kappen dienen, anlehnen.

Die Gratbogen kann man bei ausreichend starken Mauern unmittelbar aus den Ecken entspringen lassen, oder man legt Vorsprünge an, auf welchen man dieselben aufsattelt.

Was die Form der Kappen anbelangt, so sieht man je zwei gegenüberliegende a m c und b m d in der Regel als Stücke eines und desselben Tonnengewölbes an, weshalb man auch sagt, das Kreuzgewölbe könne entstanden gedacht werden, als aus zwei sich durchschneidenden (durchdringenden) Tonnengewölben, von welchen man sich die abfallenden Theile wegdenkt, so daß nur vier dreiseitig geformte Cylindersegmente, die sich an die Grate anlehnen, übrig bleiben.

Fig. 15.
Durchschnitt nach A B.   Durchschnitt nach C D.

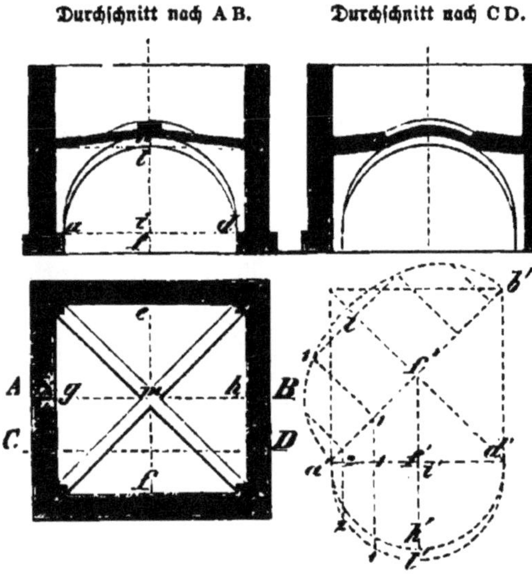

Diese Definition ist nur richtig, wenn ein sogenanntes Ansteigen oder Stechen der Kappen nicht erfolgt; sie paßt aber nicht mehr, wenn die Mittellinie der Kappe auf beiden Seiten, von der Wand nach dem Scheitel, ansteigt, so daß der Kreuzungspunkt m der Kappen höher liegt, als die Mittelpunkte der Wandbogen g, e, h und f. Dieses Ansteigen von g nach m beträgt in der Praxis etwa den sechzigsten Theil eines Grates. Will man sich nun in diesem Falle noch das Kreuzgewölbe aus dem Tonnengewölbe entstanden denken, so muß man streng genommen für jede Kappe ein besonderes Tonnengewölbe mit schräger Wölbachse annehmen oder jede Kappe als ein Wangenstück eines besondern Tonnengewölbes ansehen.

2*

§ 19.

Bei Kreuzgewölben über quadratischen Räumen, wie Fig. 15, kann die innere Kämpferlinie der vier Kappen ein voller Halbkreis sein; dann ist die Wölblinie des Gratbogens eine halbe Ellipse, deren große Achse die Diagonale und deren kleine Achse gleich der Seite der Grundfläche ist.

Wenn jedoch die Kappen ansteigen, so weicht der Lehrbogen der Grate etwas von der halben Ellipse ab. In diesem Falle beschreibe man, wie in der punktirten Hilfsfigur rechts unten angegeben, über a'd' = ad einen Halbkreis, so entspricht dieser dem Lehrbogen an der Schildmauer; sodann trage man auf dem, auf a'd' senkrechten Radius die Stechung der Kappe = f'i' auf, schlage von i' aus mit dem vorigen Radius den Halbkreis a'l'd', so ist dieser die Projection des Gratbogens auf die Stirnmauer; den Gratbogen selbst erhält man, wenn die Ordinaten der über der Diagonale a'b' construirten Lehrcurve gleich den entsprechenden Stichhöhen f'l', 1.1, 2.2, ... gemacht werden, wie aus der punktirten Figur zu ersehen ist.

Um nun einen durch den Scheitel gelegten und parallel der Schild= mauer gehenden Durchschnitt in Richtung der Linie AB zu erhalten, bestimme man zuerst die Durchschnitte der Mauern, wie bisher, trage aus der Hilfsfigur den in der wahren Größe erscheinenden Wandbogen a'h'd', sowie die Projection des Gratbogens a'l'd' ein, so hat man die Projection der Kappe cmb. Davon hängt zugleich die Durchschnittsfigur der Kappe ab. Da die Scheitel der vier Wandbogen dieselbe Höhe haben, so müssen im Durchschnitt nach AB die Punkte n, l und o auf derselben Horizontalen liegen; in den Scheiteln n und o der Wandbogen beginnt die Wölbung der Kappe, welche bis nach k, dem innern Scheitel der Grate, ansteigt. Trägt man über nk und ko die Dicke der Kappen auf, so ergiebt sich deren Durchschnittsfigur, und wenn man bei k die Breite und Dicke der sich kreuzenden Gratbogen aufträgt, so erhält man auch die Durchschnittsfigur dieser; außerdem ist ein Stück der äußern Wölblinie der halben Grade cm und bm oberhalb k sichtbar.

Wenn ein parallel der Schildmauer gelegter Durchschnitt nach der Linie CD nicht durch den Scheitel geht, so liegt die Durchschnittsfigur der Kappen amc und bmd tiefer und erstreckt sich selbstverständlich nur bis an die Grate; außerdem wird die Kappe a m d durchschnitten. Die zum Auftragen derselben erforderlichen Abscissen und Ordinaten erhält man, indem man entweder die Linie CD in die punktirte Hilfsfigur einträgt oder über a d und a c im Grundriß die umgeklappten Halbkreise a'h'd' und a'l'd' anträgt und analog wie § 9 u. ff. verfährt.

Die Projection des äußern Gratbogens und des innern Wandbogens müssen selbstverständlich in den Durchschnitten nach AB und CD gleiche Höhe haben.

Nach diesen Bemerkungen wird es keine Schwierigkeit mehr machen, einen Durchschnitt in Richtung der Diagonale oder in einer beliebigen andern Richtung zu construiren.

§ 20.

Wären die Lehrbogen der Kappen an den Stirnmauern keine Halbkreise, sondern Stichbogen oder andere krumme Linien, so würden dieselben anstatt der Halbkreise in der punktirten Hilfsfigur über a'd' und b'd' aufzutragen sein; die sich entsprechenden Ordinaten der Wandbogen unter sich und mit den Gratbogen sind aber gleich groß zu machen; im Uebrigen ist in derselben Weise, wie § 19 zu verfahren.

Hat der zu überwölbende Raum solche Dimensionen, daß die über denselben zu spannenden Gratbogen eine zu große Spannung erhalten würden, so theilt man die Decke desselben durch Gurtbogen in kleinere Räume, von denen jeder für sich mit einem Kreuz- oder andern Gewölbe überwölbt wird (§ 21). Die Gurtbogen treten dann an die Stelle der bisherigen Schildmauern. Auf diese Weise werden oft Corridore und andere lange Räume überwölbt. Hat der zu überwölbende Raum zugleich eine bedeutende Breite, so werden noch freistehende Pfeiler mit dazwischen gespannten Bogen aufgeführt, um so die Decke, soweit als nöthig in kleinere Abtheilungen zu theilen.

Oft läßt man die Gurtbogen ganz weg, indem zur Aufnahme der Kreuzgurte blos die Pfeiler oder Schildmauern dienen.

Je nach der Gestalt der Grundfläche und je nachdem die Decke in kleinere Abtheilungen getheilt wird, entstehen die mannigfachsten Formen und Verbindungen der Wölbdecke. Auch die Sterngewölbe gehören hierher.

§ 21.

Statt einen durch Gurtbogen abgetheilten Raum durch Kreuzgewölbe zu überwölben, kann man auch jede andere Art von Gewölben anbringen.

So kann man zwischen zwei Gurtbogen oder zwischen einen Gurtbogen und die parallele Wandfläche ein flaches Tonnengewölbe einwölben. Wenn dabei die Gurtbogen eine weite Spannung haben oder die Mauern nicht Widerlagskraft genug haben, werden Pfeiler vorgemauert.

Dieser Fall ist Fig. 16 dargestellt. Im Längenburchschnitt nach AB werden die zwischen den Gurtbogen liegenden Tonnengewölbe, welche da,

Fig. 16.
Durchschnitt nach

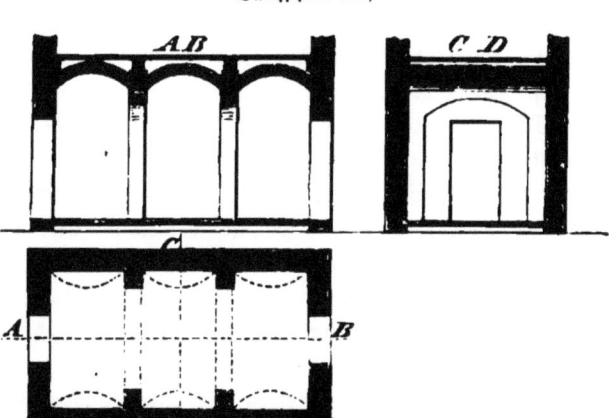

wo sie mit den Gurtbogen zusammenstoßen, bogenförmige Kämpferlinien haben, von der Durchschnittsebene getroffen, während die Pfeiler und die Schenkel der Gurtbogen nur projicirt erscheinen. Die Rundung ist durch Abtuschen angedeutet.

Der Querschnitt nach CD geht durch den Scheitel des mittlern Tonnengewölbes, welches daher, wie Fig. 10 III u. IV in Form eines Rechtecks durchschnitten wird, während die Projection des Gurtbogens in der wahren Größe erscheint.

Sowie § 18 bemerkt wurde, daß die Kappen des Kreuzgewölbes von der Schildmauer an etwas ansteigen, ebenso kann auch im vorliegenden

Falle ein Ansteigen oder Stechen stattfinden. Ist dies der Fall, dann darf der Durchschnitt nach CD nicht ein Rechteck sein, sondern das Ansteigen muß in demselben hervortreten.

Diese Gewölbe nennt man in Preußen Kappengewölbe, obwohl sie von den anderwärts sogenannten Kappengewölben wesentlich verschieden sind. Es sind diese Gewölbe eigentlich **beschnittene Tonnengewölbe**, sofern die Ebene des Gurtbogens einen Theil des zwischen zwei benachbarten Gurten liegenden Tonnengewölbes abschneidet.

§ 22.

Durchschnitt des böhmischen Kappengewölbes. Das böhmische Kappengewölbe unterscheidet sich von dem preußischen dadurch, daß, während bei letzterem der zwischen zwei parallelen Gurtbogen befindliche Raum mit einem beschnittenen Tonnengewölbe überwölbt wird, bei ersterem die Wölbung aus einem flachen Kugelgewölbe oder elliptischen Gewölbe besteht.

Wenn ein quadratischer Raum a b c d Fig. 17 I mit einem **flachen Kugelgewölbe** überwölbt werden soll, so werden die vier über a b c d errichteten inneren Wandflächen aus der vollen Kugel ein Kugelviereck herausschneiden, welches die Leibung des Gewölbes bildet, während die Kämpferlinien Stichbogen sind, welche durch die Wandflächen von der Kugelfläche abgeschnitten werden.

Die Darstellung des Kappengewölbes über einen quadratischen Raum erfolgt in ganz ähnlicher Weise, wie die des Kugelgewölbes Fig. 14; nur findet der Unterschied statt, daß bei letzterem die Wölblinien Halbkreise, beim Kappengewölbe nur Stichbogen sind. In beiden Fällen liegen aber die vier Eckpunkte der in den Ecken der Wandflächen zusammenstoßenden Kämpferlinie in einer horizontalen Ebene, daher müssen diese Punkte in allen Durchschnitten auf der nämlichen horizontalen Linie liegen. Ebenso haben die Scheitel der Kämpferlinien bei überwölbten quadratischen Räumen einerlei Höhe, was dagegen bei überwölbten rechteckigen Räumen, wie wir § 23 sehen werden, nicht der Fall ist.

Um die zu den verschiedenen Bogen gehörigen Halbmesser zu erhalten, gehe man auf die Kugel zurück, aus welcher man sich die Kappe herausgeschnitten zu denken hat. Wir wollen uns die Projection der Viertelskugel mefk im Grundriß als punktirte Hilfsfigur darstellen, welche wir uns um die Diagonale mbk gedreht und herabgeschlagen denken.

Die Wölblinie der Kappe wird mit dem Radius der Kugel me = mf = mk beschrieben, daher wird auch die Durchschnittsfigur eines jeden, durch den Scheitel m des Gewölbes, geführten Durchschnitts mit diesem Radius der Kugel zu beschreiben sein, da jeder solcher Durchschnitt durch den Mittelpunkt der Kugel geht.

Dagegen gehört zu jedem andern, nicht durch den Scheitel m des Gewölbes gehenden Durchschnitt ein kleinerer Radius, da durch einen solchen die Kugel seitwärts vom Mittelpunkte geschnitten wird. Dieser Radius ist um so kleiner, je größer der senkrechte Abstand des Durchschnitts vom Kugelmittelpunkte ist; bei gleichem Abstande sind diese Radien gleich.

Wenn man nun den durch den Scheitel, parallel mit den Schildmauern gehenden Durchschnitt nach AB construiren will, so trage man zuerst die Mauerdurchschnitte auf. Ist die Scheitelhöhe der innern Wölbfläche gegeben und somit der Punkt e bestimmt, so nehme man aus der Hilfsfigur den Radius der Kugel me, schneide in II von e aus auf der Mittellinie diesen Radius ab, so erhält man den Mittelpunkt, von welchem aus alle Wölbbogen zu beschreiben sind.

Um nun die Radien der kleineren Kreise zu erhalten, wollen wir zuerst die Wandbogen ins Auge fassen. Diese zeichnen sich dadurch aus, daß ihre Sehne in derselben Höhe liegt, wie die Sehne eines jeden durch den Scheitel m geführten diagonalen Durchschnitts. Daher können wir dieselben in der Hilfsfigur so aufeinander gelegt denken, daß die Sehnen und deren Mittelpunkte zusammenfallen, so daß gh = der halben Wandbreite d. h. gleich der halben Sehne des Wandbogens cd zu machen ist. Beschreibt man nun von m aus mit mh = mi den Bogen ih, so ist ih der halbe Wandbogen, gh die halbe Sehne desselben und mlhi stellt einen Theil der halben Wand bis zur Kämpferlinie dar. Diese Figur hat man daher nur auf den Durchschnitt nach AB Fig. II zu übertragen. Den Abständen ei, ig und eg der Hilfsfigur entsprechen die mit denselben Buchstaben bezeichneten Abstände in Fig. II. Damit ist die Horizontale gh und der Abstand der Scheitel i und e von derselben gegeben.

Im Durchschnitt nach CD Fig. III ist die Projection des Wandbogens ebenso, wie in Fig. II, dagegen hat die Durchschnittsfigur in Fig. III einen kleinern Radius, als in II. Trägt man den Abstand der Linie CD von m b. i. AC = BD in die Hilfsfigur = mq = gs, wodurch sich die auf mk stehende Senkrechte sq ergiebt, welche den größten Kreis fe in r schneidet, so ist qr der Radius der zur Durchschnittsfigur in Fig. III gehörigen Kreisbogen, während der Scheitelabstand rs von der Horizontalen gs gleich der Linie rs in der Hilfsfigur ist. Außerdem projicirt sich noch ein Stück äußere Wölbfläche, welche den Radius me = mf der Kugel zum Radius hat; die Höhe des Scheitels muß mit dem in Fig. II übereinstimmen.

Fig. 17.
Durchschnitt nach AB.   Durchschnitt nach CD.

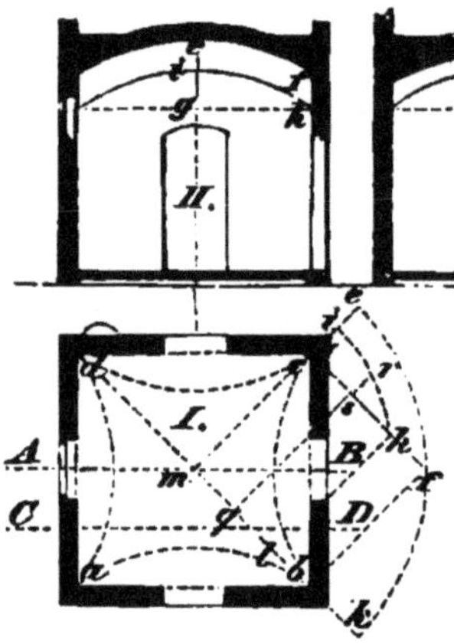

§ 23.

Wenn ein rechteckiger Raum durch ein böhmisches Kappengewölbe überwölbt werden soll, so kann man demselben entweder die Gestalt eines Ellipsoides geben, oder man kann auch ein beschnittenes flaches Kugelgewölbe annehmen.

Im letztern Falle kann man sich wieder den diagonalen Durchschnitt zu einer halben Kugel ergänzt denken, von welcher man nur die Viertelskugel umgeklappt darzustellen hat, wie in der Hilfsfigur (Fig. 18) V geschehen ist. Das Verfahren bei Darstellung der Durchschnitte bleibt in der Hauptsache dasselbe, wie beim Kappengewölbe über einen quadratischen Raum, nur findet der Unterschied statt, daß die Wandbogen verschiedene Radien haben, während dieselben Fig. 17 gleiche Radien hatten; man findet aber jeden derselben in der nämlichen Weise, wie Fig. 17, indem man deren Sehnen auf die Sehne des biagonalen Durchschnitts so legt, daß deren Mittelpunkte zusammenfallen; macht man nämlich in der Hilfsfigur V (Fig. 18) fg = der halben Diagonale, hg = der halben Längenseite und gh' = der halben Breitenseite des lichten zu überwölbenden Raumes abcd Fig. 18 I, so ist mf der Radius des Diagonalschnitts (der Radius der dem Gewölbe zu Grunde liegenden Kugel), während mh und mh' die Radien der Wandbogen hi und h'i' sind, welche man sich auf die Diagonalebene herabgeschlagen denken muß.

Hiernach ist es leicht, den Längendurchschnitt II nach AB, den Querdurchschnitt III nach CD und den diagonalen Durchschnitt IV nach EF zu construiren. Dieselben gehen durch den Scheitel m des Gewölbes, daher muß der Scheitel m der innern und äußern Wölblinie in allen drei Durchschnitten gleiche Höhe haben und da alle drei durch den Mittelpunkt der Kugel gehen, so gehören diese Bogen zu größten Kreisen, daher ist mf Fig. V als deren Radius in den Zirkel zu nehmen.

Fig. 18.

Durchschnitt nach AB. CD. EF.

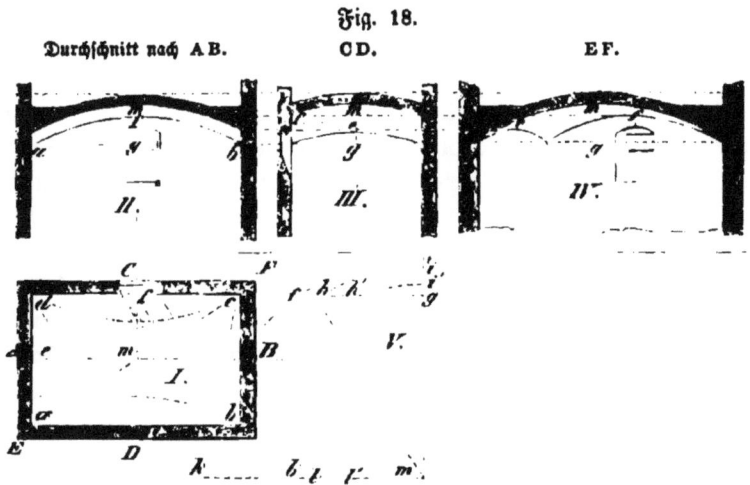

Was die Wandbogen anlangt, so liegen deren Aufstandspunkte in gleicher Höhe — in der durch a gelegten Horizontalen —, und zwar gehört zum Bogen af in II der Radius mh in V und zum Bogen ae in III der Radius mh' in V, während die Bogen ac und af in IV die

Projectionen der entsprechenden Bogen in II und III auf den Diagonal=
schnitt sind, deren Breiten durch Lothe von e, d, f auf a c im Grundriß
zu bestimmen und deren Höhen, wie bisher in ähnlichen Fällen, durch
Stich zu übertragen sind.

Selbstverständlich ist noch darauf zu achten, daß gleiche Punkte in
den verschiedenen Durchschnitten gleiche Höhe erhalten. Macht man zuerst
in II mg = eg in V, und fg = ig in V, so muß der Scheitel f des
Wandbogens in II dem Anfänger f des Durchschnitts in III und dem
Scheitel f des Wandbogens in IV entsprechen. Ferner muß der Anfänger
e des Durchschnitts in II dem Scheitel e des Wandbogens in III und
IV entsprechen.

Schattenbestimmung bei Durchschnitten.

§ 24.

Die Bestimmung des Schlagschattens und der Beleuchtung erfolgt
bei Durchschnitten ganz nach denselben Grundsätzen, welche in Heft II.
entwickelt worden sind. Man denkt sich, wenn dies nicht schon der Fall
ist, die vertikale Durchschnittsebene parallel mit dem Aufriß oder der
Seitenansicht gelegt und den dazugehörigen Grundriß nach Wegnahme des
einen abgeschnittenen Theils in die entsprechende Lage gebracht, so daß die
Durchschnittslinie parallel der Achse zu liegen kommt und bestimmt mit
Hilfe der Lichtstrahlen die Schlagschatten, wie Heft II angegeben worden.

Das was im Heft II über die sogenannte halbe Haltung gesagt
worden ist, findet besonders bei Durchschnitten Anwendung, da bei voll=
ständiger Bestimmung der Schlagschatten und der Abstufung in der Be=
leuchtung oft wichtige Theile übertuscht werden müßten und dadurch
undeutlich werden würden. In dieser Beziehung bleibt dem Ermessen des
Zeichners ein ziemlich weiter Spielraum überlassen.

§ 25.

Ist Fig. 19 der Durchschnitt eines nicht überdeckten rechteckigen
Raumes, so wirft auf der linken Seite die vordere lothrechte Kante im
Grundriß einen Schatten in Richtung des Lichtstrahls l', der sich bis an
die hintere Wand erstreckt und von da im Aufriß senkrecht aufsteigt;

Fig. 19.

die obere auf dem Aufriß senkrechte Kante wirft im Aufriß einen Schatten in Richtung des Lichtstrahls 1″. Die Grenzen des durch das Fenster einfallenden Lichts werden in ähnlicher Weise und wie im Heft II schon gezeigt worden, bestimmt.

Wenn ein durchschnittenes Tonnengewölbe (Fig. 20a) auf der hintern Seite an eine Schildmauer anlehnt, so wirft die vordere lothrechte Kante der Widerlagsmauer auf die Schildmauer einen lothrechten Schatten, an welchen sich der Schatten der innern Wölblinie anschließt; dieser ist, soweit er sichtbar ist, gleich der Wölblinie, wenn dieselbe parallel mit der Schildmauer ist.

Fig. 20a.

In ähnlicher Weise gestaltet sich der Schatten bei Fenstern und Thüren, welcher bei geradem Sturz durchaus geradlinig ist, bei bogenförmigem Schluß im obern Theile eine dem Bogen entsprechende krummlinige Gestalt annimmt, wie Fig. 20b zeigt. Bei Darstellungen in kleinem Maßstabe trägt der Zeichner derartige Schatten aus freier Hand auf;

Fig. 20b.

doch können dieselben selbstverständlich mit Zuziehung des Grundrisses oder Profils auch genau construirt werden.

Wenn ein Raum inwendig nicht künstlich erleuchtet ist, so sehen Fenster aus der Ferne immer dunkel aus, wenn nicht von denselben zufällig reflectirtes Sonnenlicht in unser Auge gelangt. Daher werden bei ganzer Haltung nicht blos die Schlagschatten angegeben, sondern es wird auch der übrige Theil des Fensters ziemlich dunkel gehalten.

§ 26.

Sowie wir in Heft II bei Construction der Schatten entweder Grund= und Aufriß oder Aufriß

und Profil zu Grunde gelegt haben, ebenso kann dies bei der Schatten=
bestimmung von Durchschnitten geschehen.

Während wir Fig. 19 und 20
Grund= und Aufriß benutzt haben, wird
Fig. 21, welche einen längs der Achse
durchschnittenen, horizontalliegenden Cy=
linder darstellt, Aufriß und Profil zu
Grunde gelegt.

Fig. 21.

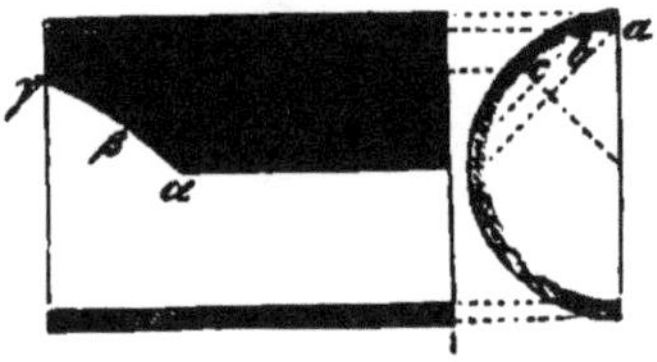

Da der Cylinder an beiden Enden
offen ist, so sind die schattenwerfenden Kanten das Bogenstück a b c der
linken Grundfläche, dessen Schatten α β γ ist und die obere innere Längen=
kante, deren Schatten sich daran anschließt.

§ 27.

Soll der Schatten eines durchschnittenen Kuppel=
gewölbes mit kreisförmiger Grundfläche (Fig. 22) be=
stimmt werden, so ist die schattenwerfende Kante die ge=
rade Linie 1 . 1 und der Bogen 2, 3, 4, 5. Man
zieht im Grundriß Lichtstrahlen durch die Punkte 1, 2,
3, 4, 5, bestimmt mit Hilfe einiger Parallelkreise die zu
denselben gehörigen Durchschnitte im Aufriß und schneidet
dieselben durch Lichtstrahlen, welche von 1, 2, 3, 4, 5
im Aufriß gezogen werden, so erhält man die Schatten
der entsprechenden Punkte, die man zu verbinden hat.

Fig. 22.

Diese wenigen Beispiele werden genügen, um zu zeigen, daß die
Schlagschatten bei Durchschnitten nach denselben Methoden, wie in Heft II,
bestimmt werden; ebenso erfolgt die Feststellung der Beleuchtung nach den
dort vorgetragenen Grundsätzen.

Von den Durchdringungen der Körper.

§ 28.

Wir haben bereits Heft I erwähnt, daß die meisten technischen Gegen=
stände, namentlich die beim Bauwesen vorkommenden, aus Verbindungen

der von uns bis jetzt betrachteten Körperformen bestehen, daß aber diese Formen oft zerschnitten und verstümmelt vorkommen, so daß man dieselben mannigfach ergänzen muß, um die Grundform wieder herauszufinden.

Von diesen Verstümmelungen haben wir bis jetzt nur die betrachtet, welche entstehen, wenn ein Körper von einer Ebene durchschnitten wird. Es kommt aber vielfach vor, daß ein Körper von einer krummen Fläche durchschnitten oder daß die Oberfläche eines Körpers von der Oberfläche eines andern Körpers durchbrungen wird.

Die dadurch entstehenden Durchschnittsfiguren unterscheiden sich von den im Heft I dargestellten ebenen Schnittfiguren dadurch, daß deren Seitenlinien in den meisten Fällen in verschiedenen Ebenen liegen.

Verschwindet beim Durchschnitt zweier Körper ein Theil des einen ganz im zweiten, ohne auf der andern Seite wieder zum Vorschein zu kommen, so sagt man, der erste Körper bringe in den zweiten ein. Wenn dagegen der in den zweiten Körper eindringende erste ganz durch denselben hindurchgeht, so daß die Endstücke des ersten auf beiden Seiten herausragen, so sagt man, der erste Körper durchdringt den zweiten. Wenn endlich der eine Körper vom andern, oder auch jeder vom andern ein Stück hinwegnimmt, ohne daß der eine Körper den andern an irgend einer Stelle ganz umschließt, so sagt man, die Körper schneiden sich gegenseitig aus.

Im ersten und dritten Fall entsteht eine einzige, in sich geschlossene Schnittfigur, im zweiten Falle entstehen zwei von einander getrennte Schnittfiguren.

Die graphische Darstellung der auf diese Weise entstehenden Linienverbindungen bildet einen besondern Abschnitt der Projectionslehre.

Dabei ist es selbstverständlich, daß, ehe man zur Construction der Durchschnittsfiguren zweier sich durchbringenden Körper verschreiten kann, immer die Projection dieser Körper und ihre gegenseitige Lage gegeben sein müssen.

§ 29.

Durchschnittsfiguren zweier Körper, welche durch Ebenen begrenzt sind. Da sich je zwei Ebenen immer in einer geraden Linie

schneiden, so werden im vorliegenden Falle die Durchschnittsfiguren gerad=
linig sein.

Jeder Punkt, in welchem eine Kante des einen Körpers die Oberfläche des andern Körpers schneidet, ist ein Eckpunkt der Durchschnittsfigur.

Wenn die Kanten des durchbringenden Körpers nur Kanten des durchbrungenen Körpers schneiden, so hat die Durchschnittsfigur ebenso viel Seiten als der durchbringende Körper Seitenkanten hat. In diesem Falle ist die Durchschnittsfigur leicht zu finden, da die beiderseitigen Kanten derselben die geometrischen Oerter für die Eckpunkte der Durchschnittsfigur sind, und je zwei derselben, welche sich schneiden, einen Eckpunkt der Figur geben.

Wenn dagegen die Kanten des durchbringenden Körpers die Ebenen des durchbrungenen in beliebigen Punkten und nicht in den Kanten schnei= den, so hat die Durchschnittsfigur mehr Seiten, als der durch= bringende Körper Kanten hat; denn jede Ebene des durch= bringenden Körpers, welche zwei sich schneidende Ebenen des durchbrungenen schneidet, giebt im Allgemeinen zwei Durchschnittslinien.

In diesem Falle ist die Bestimmung der Durchschnittsfigur umständ= licher, als im vorhergehenden Falle, namentlich bei beliebigen schrägen Lagen beider Körper.

Wir werden zunächst von den Fällen ausgehen, für welche Heft I die Grundlage darbietet und können dann von diesen durch Drehungen um horizontale und vertikale Achsen auf beliebige Lagen übergehen.

§ 30.

Wenn die Grenzebenen, welche durchbrungen werden, auf der einen Projectionsebene senkrecht stehen, so enthält die Projection dieser Grenzebenen zugleich die Projection der Durchschnittsfigur. Denn die letztere liegt auf den ersteren, mit= hin müssen die geraden Linien, welche die Projectionen der Grenzebene sind, zugleich die Projectionen der auf denselben liegenden Durchschnittsfigur enthalten.

In Folge dieser Thatsache gestaltet sich die Construction der Durch=
schnittsfigur in dem Falle, wo der eine Körper ein auf einer Projections=
ebene stehendes gerades Prisma ist, sehr einfach, da die Grundfläche
des Prismas der geometrische Ort für die eine Projection
der Durchschnittsfigur ist und die dazu gehörige Projection
des andern Körpers ebenfalls die Projection der Durch=
schnittsfigur enthält.

Fig. 23 burchdringen sich zwei gerade vierseitige Prismen, das eine
steht auf dem Grundriß, mithin enthält die Grundfläche die Projectionen
der Eckpunkte der Durchschnittsfiguren; nachdem die Projection des andern
Prismas, welches parallel mit dem Aufriß und schräg gegen den Grundriß

Fig. 23. Fig. 24.

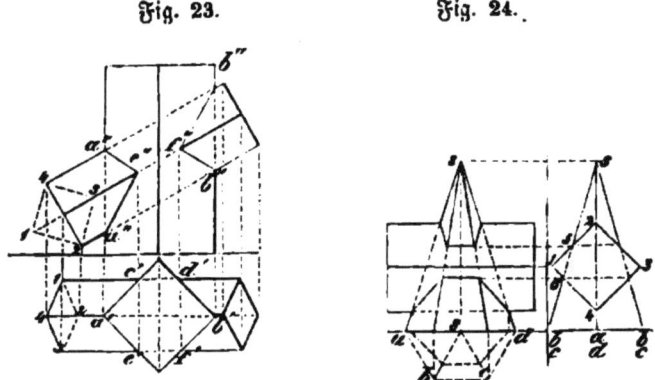

liegt, mit Hilfe der im Aufriß umgeklappten Grundfläche 1, 2, 3, 4 be=
stimmt ist, ergeben sich die genannten Durchschnittspunkte a', c', d', b', !...
im Grundriß, welche durch Lothe auf den Aufriß zu übertragen sind.
Da im Aufriß die Punkte c" und e" links und die Punkte d" und f"
rechts in einen Punkt zusammenfallen, so erscheinen die vierseitigen Durch=
schnittsfiguren nur als dreiseitige.

§ 31.

Im Vorstehenden ist die Grundlage zu der Aufgabe enthalten: Den
Durchschnitt eines Prismas, dessen Seitenflächen senkrecht

auf der einen Projectionsebene stehen, 1) mit einem andern Prisma, 2) mit einem beliebigen eckigen Körper, zu bestimmen.

Es wird nicht nöthig sein, in Bezug auf den ersten Fall noch ein Beispiel hier durchzuführen; wir begnügen uns daher, den zweiten Fall durch ein Beispiel zu erläutern. In Fig. 24 wird ein vierseitiges Prisma, dessen Seitenflächen senkrecht auf der Seitenansicht stehen, von einer regelmäßigen sechsseitigen Pyramide, deren Projectionen mit Hilfe der umgeklappten halben Grundfläche bestimmt sind, durchdrungen. In der Seitenansicht schneiden die Kanten as, ds, bs, cs der Pyramide die Grundfläche des Prismas in den Punkten 2, 5, 6, 4, welche daher nach § 30 Projectionen von Eckpunkten der Durchschnittsfigur sind, die man nur in gewöhnlicher Weise in den Aufriß zu übertragen hat.

Wären die Eckpunkte 2 und 4 des Primas nicht mit einer Kante der Pyramide zusammengefallen, so dürfte man nur auf der letztern die Hilfskanten s2 und s4 ziehen, dieselben bis an die Grundlinie verlängern und nach Heft I auf den Aufriß übertragen; hierauf wird in Bezug auf diese Hilfskanten ebenso verfahren, wie Fig. 24 in Bezug auf die wirklichen Pyramidenkanten sa und sd.

§. 32.

Da eine Walze als besonderer Fall eines Prismas angesehen werden kann, so kann das in Bezug auf Prismen Gesagte auch auf die Walze übertragen werden, nur mit dem Unterschiede, daß im letztern Falle die Durchschnittsfigur im Allgemeinen krummlinige Grenzen hat.

Fig. 25 wird eine auf der Seitenansicht senkrecht stehende Walze von einer sechsseitigen Pyramide durchbrungen: die Durchschnittsfigur in der Seitenansicht fällt daher mit der Peripherie der Grundfläche der Walze zusammen, die alle auf dem Mantel der Walze liegenden Figuren ihre Projectionen in der Seitenansicht auf dieser Peripherie haben. Die Kanten s,2 und s,3 der Pyramide schneiden diese Peripherie in e, die Kanten s,1 und s,4 in c, daher sind e und c Punkte der Durchschnittsfigur, die man nur auf die entsprechenden Kanten der Pyramide im Aufriß zu übertragen braucht. Da aber die Ebene s,2,1 die Walze in einer krummen Linie edc schneidet, so muß zu deren Darstellung außer den Endpunkten e und c mindestens noch ein Zwischenpunkt d bestimmt werden. Man ziehe

Fig. 25.

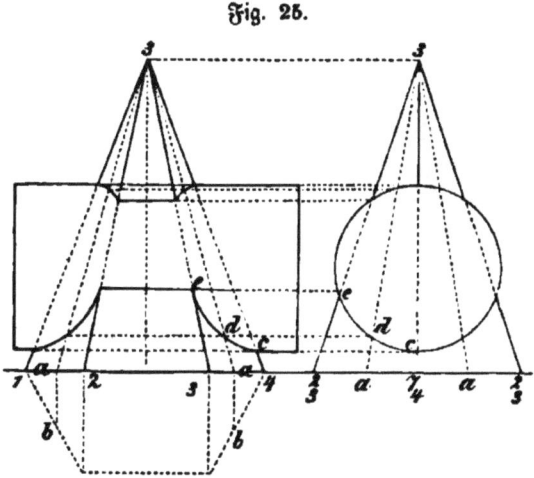

hierzu auf der Fläche s,2,1 die Hilfslinie sa, trage dieselbe vermittelst der umgeklappten Grundfläche auf den Aufriß über, so ergiebt sich der Zwischenpunkt d ebenso wie sich vorher die Punkte e und c ergeben hatten. In gleicher Weise erhält man die übrigen Grenzlinien der Durchschnitts= figur: die auf der Seitenfläche s,2,3 liegenden Grenzlinien erscheinen als gerade Linien, da s,2,3 die Walze in einer mit deren Axe parallelen Rich= tung durchschneidet.

Aufgabe. Den Figuren 23, 24 und 25 entsprechend löse man Aufgaben, bei welchen die Grundflächen der Prismen und Pyramiden andere Figuren sind. Man zeichne zugleich die Netze der durchbrungenen Körper mit den Durchschnittsfiguren.

§ 33.

Fig. 26 durchbringen sich zwei Walzen mit verschiedenem Durch= messer, von welchen die Achse der durchbrungenen senkrecht auf dem Grund= riß steht: mithin liegt der Grundriß der Durchschnittsfigur auf der Peri=

pherie der Grundfläche. — Man ziehe auf dem Mantel der durchbringenden Walze durch die Punkte 1—5 Mantellinien, welche im Grundriß die Peripherie der durchbrungenen Walze in den Punkten a, b, c, d, e durchschneiden, so müssen lothrecht über diesen Punkten auf den entsprechenden Mantellinien des Aufrisses die dazu gehörigen Punkte der Durchschnittsfigur im Aufriß liegen. Man construire daher vermittelst der umgeklappten halben Grundfläche im Grundriß die den Punkten 1—5 entsprechenden Mantellinien im Aufriß, so ergeben sich auf letzteren die den Punkten a, b, c... im Grundriß entsprechenden Punkte der Durchschnittsfigur im Aufriß.

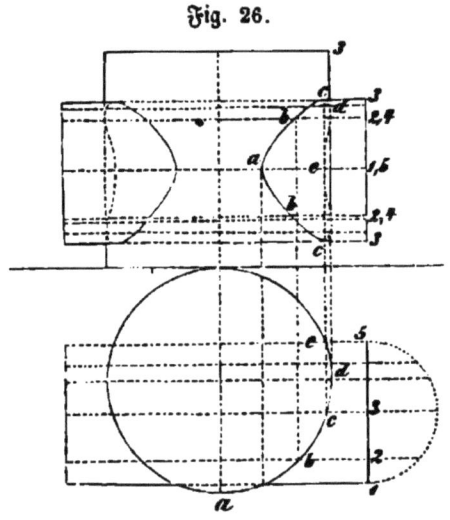

Fig. 26.

§ 34.

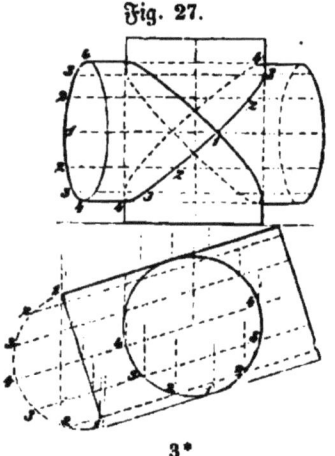

Fig. 27.

Im Allgemeinen sind bei zwei sich durchbringenden Cylindern die Durchschnittsfiguren zwei getrennte Figuren, welche Curven von doppelter Krümmung sind, d. h. solche Curven, deren Punkte nicht in einer Ebene liegen. Wenn aber zwei Kreis-Cylinder gleiche Durchmesser haben und sie durchbringen sich so, daß ihre Achsen sich schneiden, wie Fig. 27, dann sind die Durchschnittsfiguren Curven von einfacher Krümmung, und zwar zwei sich

3*

durchschneidende Ellipsen. Diesen Fall legt man zu Grunde, wenn man sich ein über einen quadratischen Raum gespanntes Kreuzgewölbe durch zwei gleiche, sich durchbringende Tonnengewölbe erzeugt denkt, wobei aber von dem § 18 erwähnten Ansteigen oder Anstechen der Kappen abzusehen ist.

§ 35.

Fig. 28 durchdringt ein gerader Kegel eine Walze, deren Axe auf dem Grundriß senkrecht steht. Die Achse des Kegels ist parallel mit dem Aufriß, in Folge dessen erscheint die Grundfläche desselben im Aufriß als gerade Linie 1,7. Denkt man sich die halbe Grundfläche umgeklappt und nach Heft I § 54 den Grundriß des Kegels construirt, so dienen die bei dieser Construction erhaltenen, durch die Punkte 1—7 gehenden Mantellinien zugleich zur Darstellung der Durchschnittsfigur, indem man von den Punkten a, b, ... des Grundrisses, in welchen diese Mantellinien die Peripherie der Grundfläche des Cylinders durchschneiden, durch Lothe die entsprechenden Mantellinien des Aufrisses schneidet.

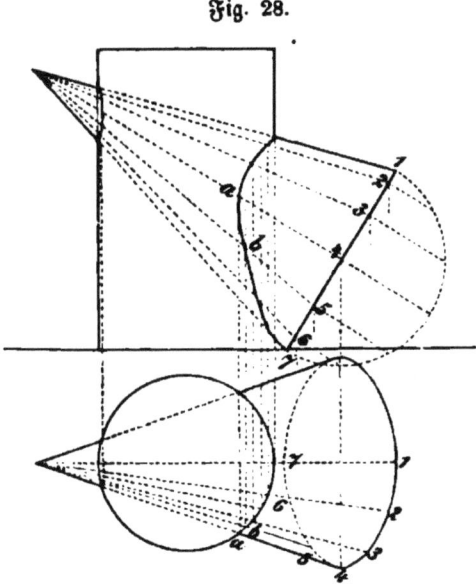

Fig. 28.

§ 36.

Wenn, wie Fig. 29 eine Kugel von einem geraden Cylinder durchbrungen wird, dessen Achse auf einer Projectionsebene, z. B. auf dem Grundriß senkrecht steht, so lege man durch die Kugel eine Anzahl Hilfsebenen, welche parallel mit dem Grundriß sind, also senkrecht auf dem Aufriß stehen: diese geben als Durchschnitte Kreise, welche im Aufriß als gerade Linien, im Grundriß als Kreise erscheinen (Heft I § 69). Die letzteren schneiden den Mantel des Cylinders im Grundriß in den Punkten 4—7; durch Lothe ergeben sich die entsprechenden Punkte der Durchschnittsfigur auf den Parallelkreisen im Aufriß.

Aehnlich ist das Verfahren Fig. 30, welche eine von einem vierseitigen Prisma durchbrungene Kugel darstellt.

Aufgabe. Die Figuren 26 bis 30 in größerem Maßstabe auszuführen und das Netz des durchbrungenen Körpers darzustellen.

Durch mannigfache Modificationen, z. B. Vertauschung des Grundrisses mit der Seitenansicht, durch veränderte Größe oder Lage des einen oder des andern Körpers, durch Drehungen, nach Darstellung der ersten Ansicht, können diese Aufgaben leicht vermehrt werden.

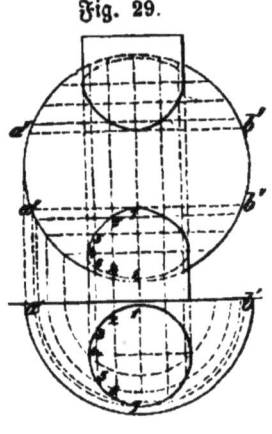

Fig. 29.

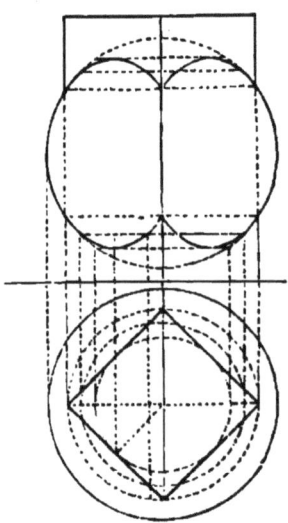

Fig. 30.

§ 37.

Allgemeine Methode. Die Construction der Durchschnittsfigur zweier sich durchbringenden Körper wird immer darauf hinauslaufen, deren Grenzpunkte einzeln zu bestimmen und in der richtigen Reihenfolge zu verbinden.

Läßt sich sofort übersehen, auf welchen Linien oder Hilfslinien die eine oder die andere Projection dieser Punkte liegt, so gestaltet sich die Construction sehr einfach, wie wir § 30 u. ff. gesehen haben.

Oft läßt sich aber im Voraus nicht mit Bestimmtheit erkennen, ob und inwieweit sich die Körper durchbringen, und ob eine bestimmte Kante, wie Fig. 31, des einen Körpers den andern Körper in einer Kante oder in einem beliebigen Punkte einer Grenzebene oder auch gar nicht schneidet.

Denkt man sich in diesem Falle durch die eine Kante m n des einen Körpers eine Ebene gelegt, welche mit dem andern Körper die Schnittfigur 1,2,3,4 Fig. 31 gemein hat, und denkt man sich die Kante m n verlängert, so werden, wenn dieselbe die Grenzen dieser Figur in u und v schneidet, u und v Punkte der Durchschnittsfigur beider Körper sein, da dieselben der Kante m n des einen Körpers und der auf der Oberfläche des andern Körpers liegenden Schnittfigur 1,2,3,4 gemein=schaftlich angehören.

Fig. 31.

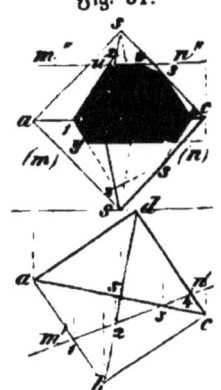

Da die Wahl der Hilfsebene freisteht, so wird man dieselbe so legen, daß sich die Projectionen der Durchschnittsfigur leicht ergeben, z. B. so, daß sie auf der einen Projectionsebene senkrecht steht, in welchem Falle die Projection der Durchschnittsfigur eine mit der Projection der Kante m'n' zusammenfallende Gerade ist; dann ergiebt sich die andere Projection der Schnittfigur nach dem, was Heft I im Abschnitt „ebene Schnitte der Körper" gesagt ist.

Wird z. B. die Doppelpyramide s a b c d Fig. 31 von einer Geraden m n durchschnitten, so denke man sich durch deren Grundriß m'n' eine auf der Ebene des Grundrisses senkrechte Ebene gelegt, so ergiebt sich leicht der Aufriß der Schnittfigur 1,2,3,4,3,2,1 durch Lothe, welche aus dem Grund=riß auf die Achse gefällt und bis zu den entsprechenden Kanten des Auf=risses verlängert werden. Wenn nun der Aufriß m"n" der Linie m n diese Schnittfigur in u und v schneidet, so sind u und v die Punkte, in welcher die Gerade m n die die Doppelpyramide schneidet.

Wäre (m) (n) der Aufriß einer andern in der Schnittebene liegen=den Geraden, so würden sich als Projectionen der Schnittpunkte y und x ergeben und das zwischen m n und (m) (n) liegende Stück der Ebene giebt mit dem Körper die Schnittfigur u v 3, 4, x y, 1.

§ 38.

Wenn z. B. eine sechsseitige von einer vierseitigen Pyramide durchbrungen wird, wie Fig. 32, so denke man sich durch den Grundriß der Kante p′m′ der vierseitigen Pyramide eine auf der Ebene des Grundrisses senkrechte Ebene gelegt, welche mit dem Aufriß der sechsseitigen Pyramide die Schnittfigur p″o″n″m″ giebt, welche den Aufriß der Kante pm in h″ und e″ schneidet, so sind h″ und e″ zwei Punkte der Schnittfigur.

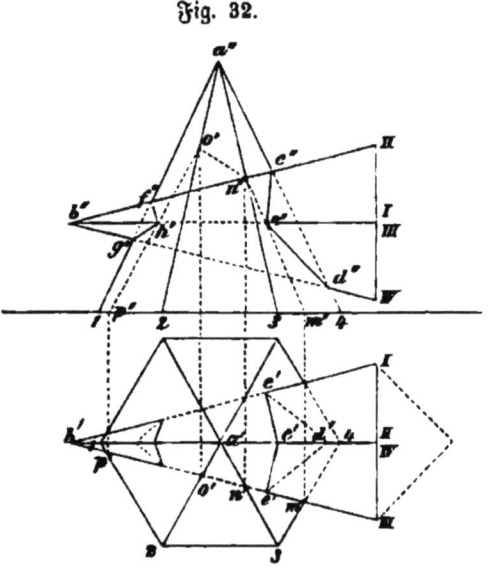

Fig. 32.

Was ferner die Kanten b,II und b,IV der vierseitigen Pyramide anlangt, so gehen die durch dieselben gelegten senkrechten Ebenen durch die Spitze der sechsseitigen Pyramide und deren Durchschnitt mit der letztern ist im Aufriß schon enthalten, derselbe bildet den äußersten Umriß in Aufriß; daher ergeben sich ohne Weiteres auch die übrigen Grenzpunkte c″, d″ und f″, g″ der beiden Schnittfiguren.

Aus den so erlangten Schnittfiguren im Aufriß ergeben sich die Horizontalprojektionen derselben durch Herablothen auch im Grundriß. Hier erscheinen sie vierseitig, wie sie es wirklich sind, während im Aufriß zwei auf der Vorderseite liegende Kanten c″e″, e″d″ mit den entsprechenden, auf der Hinterseite liegenden Kanten zusammenfallen, während c″d″ gar keine Kante der Durchschnittsfigur ist; vielmehr ist der Raum c″ e″ d″ (u. f′ g′ h″) von der sechsseitigen Pyramide ausgeschnitten.

§ 39.

Zweite allgemeine Methode. Man lege durch die beiden, sich durchbringenden Körper K und K' eine beliebige Ebene E, bestimme die dazu gehörigen ebenen Durchschnittsfiguren D und D', so werden Punkte, welche D und D' gemeinschaftlich haben, Punkte der Durchbringungsfigur beider Körper sein. Denn die Grenzpunkte der Figur D gehören der Oberfläche des Körpers K, die der Figur D' der Oberfläche des Körpers K' an, mithin sind die Durchschnittspunkte von D und D' Punkte, welche den Oberflächen beider Körper gemeinschaftlich angehören, also Punkte der Durchbringungsfigur.

Diese Methode wendet man besonders bei der Durchbringung von Körpern mit krummen Oberflächen an. Dabei wird man, so weit man freie Wahl hat, die als Hilfsebenen zu wählenden Durchschnittsebenen so annehmen, daß die denselben entsprechenden ebenen Durchschnittsfiguren sich leicht construiren lassen. So wird man Walzen parallel der Achse oder der Grundfläche derselben schneiden: im ersteren Falle sind die Grenzen der Schnittfigur gerade Linien, im letzteren Falle Kreise; ebenso ist es, wenn man Kegel entweder so schneidet, daß der Schnitt durch die Spitze geht oder so, daß er parallel mit der Grundfläche ist; Rotationskörper wird man senkrecht gegen die Drehungsachse schneiden, um als Durchschnitte Kreise zu erhalten. Hiervon ist bereits Fig. 29 und 30 Gebrauch gemacht worden, wo zugleich die Schnittfiguren senkrecht auf dem Aufriß standen, also im Aufriß gerade Linien waren.

Wenn beide Körper eine solche gegenseitige Lage haben, daß nicht für beide zugleich vortheilhafte Schnitte möglich sind, so wähle man dieselben wenigstens günstig für den einen Körper.

§ 40.

Fig. 33 stellt die Durchbringung eines abgekürzten Kegels durch einen Cylinder dar, deren Achsen aufeinander senkrecht stehen.

Die Schnittebenen können bei dieser Lage der Körper unter sich und gegen die Projectionen sehr vortheilhaft gelegt werden, und zwar so, daß sie parallel der Achse des Cylinders und parallel der Grundfläche des Kegels liegen; auf dem Cylindermantel bilden dann die Durchschnitts=

linien gerade Linien, auf dem Kegelmantel Kreise, welche letzteren im Aufriß als gerade Linien, im Grundriß als Kreise erscheinen.

Man nehme zuerst die Durchschnitte auf dem Cylindermantel an, welche durch die Punkte 1—5 im Grundriß gehen und trage dieselben vermittelst der umgeklappten Grundfläche auf den Aufriß über, wodurch sich zugleich die Grundflächen des Cylinders im Aufriß (nach Heft I) ergeben. Die so gewählten horizontalen Schnittebenen schneiden zugleich den Kegel, und zwar stellen sich die Schnitte, wie schon bemerkt, im Aufriß als gerade Linien, im Grundriß als Kreise dar, deren Halbmesser aus dem Aufriß zu entnehmen sind.

Fig. 33.

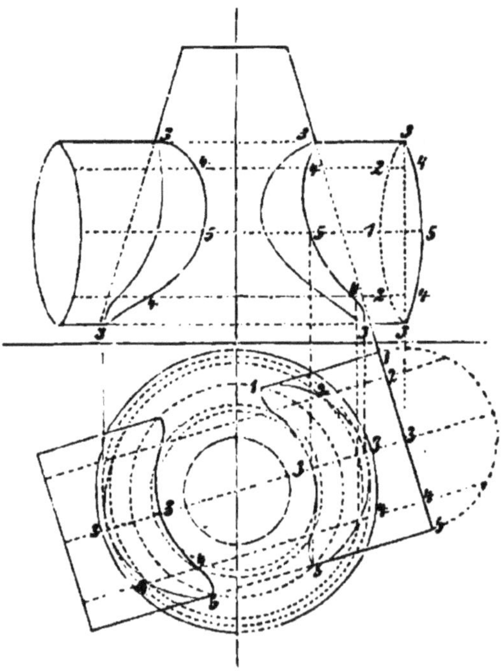

Die Schnitte des Cylinders und die entsprechenden Schnitte des Kegels treffen sich im Grundriß in den Punkten 1—5, aus deren Verbindung sich die beiden Durchdringungsfiguren im Grundriß ergeben und durch Herauflothen bis zu den entsprechenden Mantellinien im Aufriß erhält man die erforderlichen Punkte zur Construction der Durchdringungsfiguren im Aufriß.

§ 41.

Fig. 34 stellt die Durchdringung zweier abgekürzten Kegel dar, deren Achsen sich rechtwinklig schneiden.

Man construire auf dem Mantel des einen Kegels die den Punkten 1—5 entsprechenden Mantellinien und trage dieselben mit Hilfe der umgeklappten Grundfläche auf die andere Projection über. Durch diese Mantellinien denke man sich Ebenen gelegt, welche senkrecht auf dem Grundriß stehen, bestimme deren Durchschnittscurven mit dem zweiten Kegel, so ergeben sich nach § 37, resp. § 39 eine Reihe von Punkten der Durchbringungsfigur.

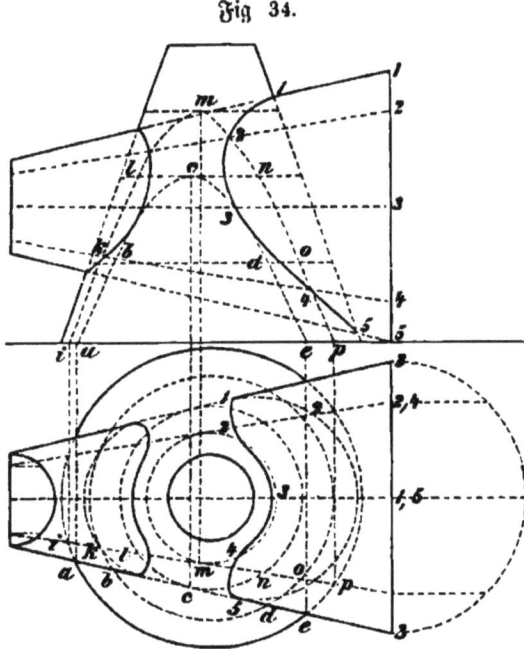

Fig 34.

Um auf dem zweiten Kegel die ebenen Schnitte zu erhalten, verfahre man nach § 68 Fig. 63, Heft I, d. h. man lege durch denselben mehrere Hilfsebenen, welche parallel der Grundfläche sind, welche also im Aufriß gerade, mit der Projectionsachse parallele Linien, im Grundriß Kreise sind: letztere werden von der einen Mantellinie des ersten Kegels in den Punkten a,b,c,d,e geschnitten und man erhält durch Herauflothen die hyperbolische Schnittcurve a b c d e im Aufriß; ebenso ergiebt sich die der zweiten Mantellinie entsprechende Schnittcurve i k l m n o p im Aufriß; die mittlere Mantellinie geht durch die Spitze des zweiten Kegels und die derselben entsprechenden Schnitte sind die den äußern Umriß des Kegels im Aufriß angebenden geraden Linien.

Die Punkte, in welchen nun im Aufriß die durch 1—5 gehenden Mantellinien des ersten Kegels die denselben entsprechenden ebenen Schnitte des zweiten Kegels schneiden, sind Punkte der Durchdringungscurven im

Aufriß und durch Herablothen ergeben sich die dazu gehörigen Punkte im Grundriß.

Zusatz. Das Verfahren ist ganz ähnlich, wenn sich die Achsen der Kegel nicht rechtwinklig oder überhaupt gar nicht schneiden.

§ 42.

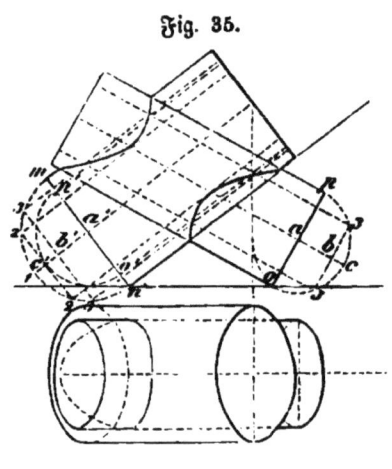

Fig. 35.

Fig. 35 stellt zwei Cylinder dar, deren Achsen sich schneiden und parallel mit dem Aufriß sind, daher wird auch eine durch dieselbe gelegte Ebene parallel mit dem Aufriß sein. Diese Ebene halbirt beide Cylinder und die dadurch entstehenden halben Grundflächen o p c und m n 1 haben wir im Aufriß umgeklappt dargestellt. Denken wir uns durch beide Cylinder eine zweite, mit dem Aufriß parallele Ebene gelegt, so hat dieselbe von der vorigen durchaus gleichen Abstand, welchen Abstand wir in den um= geklappten Grundflächen durch die Linie a b und a' b' darstellen. Dadurch ergeben sich in beiden Grundflächen die Punkte 3, 3, welche der nämlichen, die beiden Cylinder durchschneidenden Ebene entsprechen, mithin werden die zu denselben gezogenen Seiten (Mantellinien) nach § 39 Durchschnitte geben, welche Punkte der Durchdringungsfigur sind.

Daraus ergiebt sich folgendes Verfahren: Man trage die halbe Grundfläche o p c des kleineren Cylinders in die des größeren m n 1 ein; ziehe zu m n die Parallelen 2, c', 2; 3, b', 3 u. s. w., so entsprechen dieselben Ebenen, welche beide Cylinder zugleich schneiden; die zu denselben construirten Seiten 2, 2; 3, 3 u. s. w. werden sich daher in Punkten schneiden, welche Punkte der Durchschnittsfigur sind. Ueber die Ableitung des Grundrisses aus dem in der angegebenen Weise zu construirenden Aufriß wird kaum eine weitere Bemerkung nöthig sein.

Zusatz. Wenn sich die Achsen der Cylinder nicht in einem Punkte x schneiden, sondern bei x um die Länge α von einander abstehen, so ändert dies die Construction nur in soweit ab, als der Durchmesser o p des kleinern Kreises nicht auf den Durchmesser m n des größern zu legen ist, sondern daß sie parallel und in dem Abstande α von einander zu legen sind; dann kommt man aber nicht mit den halben Kreisen aus, sondern muß die ganzen Kreise als Hilfsansicht auftragen.

§ 43.

Der uns zugemessene Raum gestattet nicht, weitere Beispiele über diesen Abschnitt der Projectionslehre zu behandeln. Es wird aber den Schülern, welche sich das Vorstehende zu eigen gemacht haben, nicht schwer werden, die Durchschnittsfiguren in folgenden Fällen zu construiren.

Aufgaben. 1) Den Durchschnitt eines Prismas, dessen Seitenflächen senkrecht auf einer Projectionsebene stehen, mit folgenden Körpern zu bestimmen:

a) mit einem Prisma in beliebiger Lage, b) mit einer Pyramide, c) mit einer Walze, d) mit einem Kegel, e) mit einem Drehungskörper.

2) Dieselben Aufgaben in Bezug auf eine gerade Walze, deren Achse senkrecht auf einer Projectionsebene steht.

3) Den Durchschnitt a) zweier Prismen, b) eines Prismas und einer Walze, c) zweier Walzen zu bestimmen, wenn deren Achsen parallel mit einer Projectionsebene sind und sich entweder schneiden oder kreuzen (§ 42),

4) den Durchschnitt zweier Pyramiden,

5) den Durchschnitt zweier Kegel zu bestimmen.

6) Den Durchschnitt einer Pyramide oder eines Kegels mit einem Drehungskörper zu bestimmen, wenn die Grundfläche der Pyramide oder des Kegels parallel mit einer Projectionsebene ist und die Achse des Drehungskörpers senkrecht auf derselben steht.

Vom Herabschlagen ebener Flächen.

§ 44.

Eine Ebene MN herabschlagen oder umklappen heißt: Dieselbe so lange um die Linie mn, welche sie mit der Projectionsebene gemein hat, wie um eine Achse drehen, bis sie mit der Projectionsebene zusammenfällt. Die Drehungsachse mn heißt die Spur oder Trace der Ebene MN, weil, wenn man MN bis zur Projectionsebene verlängert, in der letztern der geradlinige Schnitt mn entsteht.

Das Herabschlagen dient zur Lösung einer großen Reihe von Aufgaben, welche in der eigentlichen descriptiven Geometrie behandelt werden; von denselben werden wir nur eine Anzahl von solchen Fällen berücksichtigen, welche in der Praxis am häufigsten zur Anwendung kommen.

Handelt es sich beim Herabschlagen nur darum, eine gegen die Projectionsebene schräg liegende und demnach verkürzt erscheinende ebene Figur in der wahren Größe darzustellen, so ist es nicht allemal nothwendig, erst deren Spur zu suchen und die Ebene um dieselbe zu drehen, sondern es genügt, wenn man in der Ebene eine, mit der Projectionsebene parallele Linie zieht und die Ebene so lange um dieselbe sich gedreht denkt, bis sie in eine mit der Projectionsebene parallele Lage kommt; construirt man in dieser Lage die Projection der in der Ebene liegenden Figur, so erscheint dieselbe in der wahren Größe. Dieses Verfahren nennt man in der Praxis das **Austragen** oder **Ausmitteln ebener Flächen**. Dasselbe wird auch auf krumme Flächen beim sogenannten **Abwickeln** oder **Aufrollen** derselben übertragen. Zuerst wollen wir jedoch bei ebenen Flächen stehen bleiben.

§ 45.

Am einfachsten gestaltet sich das Herabschlagen einer Ebene, wenn dieselbe senkrecht auf einer Projectionsebene steht. In diesem Falle ist das Verfahren dem in § 32 I. behandelten gerade entgegengesetzt. Dort war zuerst eine Ebene in horizontaler Lage gegeben, welche durch Drehung um eine horizontale Achse in eine gegen den Grundriß geneigte Lage gebracht wurde, während hier aus der letztern auf die erstere Lage übergegangen werden soll.

Wäre nämlich zuerst Fig. 36 der Grundriß $a'b'\gamma'\delta'$ und der dazu gehörige Aufriß $a''\delta''$ gegeben, so sieht man, daß diese Figur eine auf dem Aufriß senkrechte, trapezförmige Fläche darstellt, welche gegen den Grundriß unter dem Winkel α geneigt ist. Denkt man sich dieselbe um eine horizontale, auf dem Aufriß senkrechte Achse gedreht, so beschreibt jeder Punkt

Fig. 36.

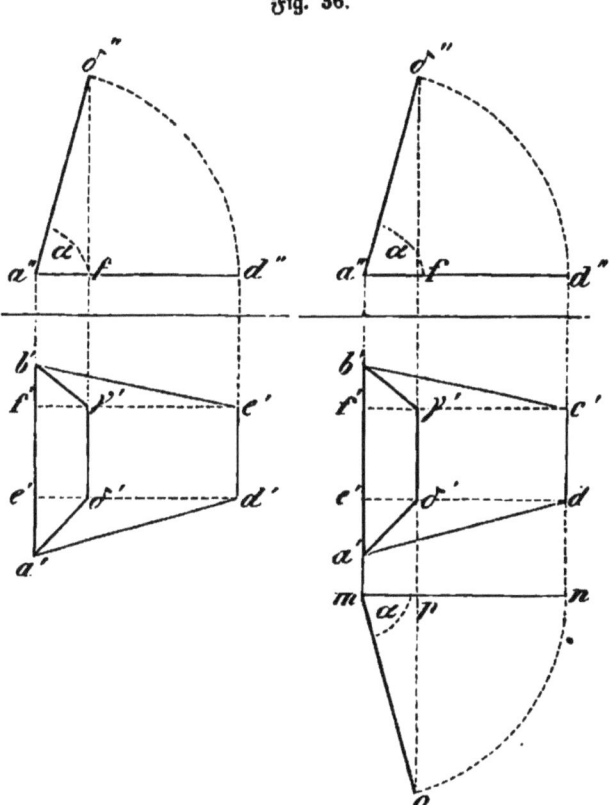

einen mit dem Aufriß parallelen Kreisbogen, dessen Grundriß eine mit der Achse parallele Gerade ist, daher ist diese der geometrische Ort für den Grundriß dieses Punktes in allen Lagen während der Drehung. Wird die Drehung bis zur horizontalen Lage fortgesetzt, so ist der Aufriß in die

Lage a″ d″ gekommen, hat aber die frühere Dimension beibehalten, so daß a″ d″ = α″ δ″ ist. Durch Herabloten ergiebt sich aus dem neuen Aufriß a″ d″ der Grundriß a′ b′ c′ d′, welcher die Figur im Raume in der wahren Größe darstellt, so daß dieselbe als herabgeschlagen angesehen werden kann.

§ 46.

Allgemeine Methode. Um eine beliebige Ebene MN nebst einer in derselben liegenden Figur herabzuschlagen, bestimme man zuerst deren Spur mn und deren Neigungswinkel α gegen die Projectionsebene und schlage mit Hilfe dieser Elemente jeden, durch seine Projectionen gegebenen Punkt, einzeln herab. Wir wollen im Folgenden das Herabschlagen auf den Grundriß zeigen, woraus sich von selbst das Verfahren beim Herabschlagen einer Ebene in den Aufriß ergeben wird.

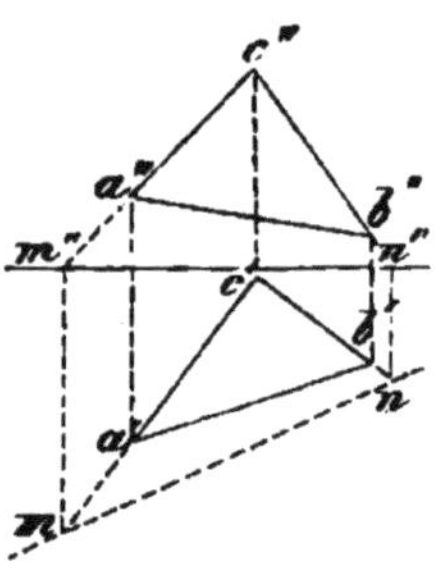

Um die hor. Spur einer Ebene MN zu erhalten, denke man sich zwei in derselben liegende Linien, z. B. zwei Seiten ac und bc eines Dreiecks verlängert, bis sie den Grundriß in m und n schneiden, so muß auch die ganze Ebene den Grundriß in der Verbindungslinie mn schneiden.

Fig. 37.

Da die Punkte m und n im Grundriß liegen, so liegt der Aufriß derselben m″ und n″ in der Achse; da ferner m und n Punkte der Linien ac und bc im Raume sind, so müssen die Projectionen von m und n auf der Projection von ac und bc liegen. Daraus ergiebt sich, daß man m und n erhält, wenn man a″ c″ und a″ b″ Fig. 37 verlängert, bis sie die Achse in m″ und n″ schneiden, sodann in m″ und n″ Lothe auf die Achse errichtet, und deren Durchschnitte m und n mit den Verlängerungen von a′ c′ und b′ c′ bestimmt; dann ist die Verbindungslinie mn die gesuchte Horizontal=Spur.

Fig. 38.

Sind nun die Projection a′ und a″ eines, in der Ebene MN liegenden Punktes gegeben, welcher nebst der Ebene herabgeschlagen werden soll, so fälle man von der Horizontalpro=

jection a' auf die Spur m n eine Senkrechte a' c' und denke sich ebenso im Raume von a auf mn eine Senkrechte a' c' gefällt, so ist a c' a' der Neigungswinkel der Ebene MN gegen den Grundriß. Derselbe läßt sich leicht construiren, da in dem rechtwinkligen Dreieck a a' c' im Raume die eine Kathete a' c' im Grundriß, die andere Kathete a a' gleich der Ordinate a" b" im Aufriß gegeben ist. Trägt man aus diesen Elementen dieses Dreieck an irgend einer Stelle der Figur an, indem man $\alpha' \gamma'$ = a' c' und $\alpha \alpha'$ = a" b" macht, so ist $\llcorner \alpha \gamma' \alpha'$ gleich dem Neigungswinkel der Ebene MN und die Hypothenuse $\alpha \gamma'$ ist gleich der Hypothenuse a c' des Dreiecks a a' c' im Raume.

Denkt man sich nun die Ebene MN herabgeschlagen, so beschreibt der in ihr liegende Punkt a einen Bogen, der die Hypothenuse ac = $\alpha \gamma'$ zum Radius und den Winkel $\alpha \gamma' \alpha'$ zum Centriwinkel hat. Nach dem Herabschlagen kommt a auf die Verlängerung von a' c' zu liegen und ac' ist = $\alpha \gamma'$.

Auf dieselbe Weise kann die Lage eines jeden andern, in der Ebene MN liegenden Punktes bestimmt werden. Ist der Neigungswinkel $\alpha \gamma' \alpha$ einmal für einen Punkt bestimmt, so kann derselbe zum Herabschlagen eines jeden andern Punktes benutzt werden. Zu diesem Zweck legt man den einen Schenkel desselben so, daß er senkrecht auf der Spur mn steht, trägt a' c' = $\alpha' \gamma'$ auf demselben ab, errichtet in a' die andere Kathete $\alpha' \alpha$, so schneidet diese auf dem andern Schenkel die Hypothenuse $\alpha \gamma'$ ab, die man nur auf das vom Grundriß a' auf die Spur mn gefällte Loth = ac' überzutragen hat, so ergiebt sich der herabgeschlagene Punkt a.

§ 47.

In vielen Fällen liegt die Spur einer Ebene weit von der Projectionsachse entfernt und das Herabschlagen erfordert dann einen großen Raum.

Denkt man sich in solchen Fällen den Grundriß parallel mit sich selbst verschoben, was in der Bildebene auf eine bloße Verlegung der Projectionsachse hinausläuft, so wird dadurch weder die Gestalt und Größe der Projection, noch die der herabgeschlagenen Figur verändert; die Spur der verschobenen Projectionsebene ist parallel mit der ursprünglichen Spur, da parallele Ebenen von einer dritten in parallelen Kanten geschnitten werden. Alle zwischen den beiden Spuren liegenden Parallellinien sind als Parallele zwischen Parallelen gleich; ebenso die zwischen der frühern und der neuen Projectionsachse liegenden Parallelen.

Daraus folgt, daß die Abscissen der durch Drehung um die neue Spur herabgeschlagenen Figur dieselben bleiben, als wäre die Drehung um die frühere Spur erfolgt, wogegen alle Ordinaten sich um gleich viel verkürzen, und zwar um so viel als die parallele Verschiebung der Projectionsebene beträgt.

§ 48.

Enthält eine Figur eine Gerade m n, welche mit der Projectionsebene zusammenfällt, so dient dieselbe unmittelbar als Drehungsachse beim Herabschlagen der Figur.

Enthält eine Figur eine Gerade m n, welche parallel mit der Projectionsebene ist, so kann man deren Projection m' n' gleich als Drehungsachse benutzen, indem man sich nach § 47 die Projectionsebene so lange parallel mit sich selbst verschoben denkt, bis die Projection m' n' mit der Linie m n im Raume zusammenfällt. Dies hat nach § 47 keinen Einfluß auf die auf m' n' liegenden Abscissen, sondern es wird dadurch nur eine Verkürzung der Ordinaten bedingt.

Handelt es sich nur um die Darstellung der herabgeschlagenen Figur, nicht aber um deren Abstand von der Drehungsachse, so ist es gleichgiltig, um wie viel die Ordinaten verkürzt werden, wenn nur jede derselben um gleich viel verkürzt wird. Man kann daher aus dem Aufriß entweder die vollen Ordinaten, von der Projectionsachse an gerechnet, entnehmen, oder man kann durch eine, mit der Projectionsachse parallele Linie von allen Ordinaten ein gleich großes Stück abschneiden.

§ 49.

Soll z. B. das Fig. 39 dargestellte Rechteck, dessen Grundriß a b γ δ und dessen Aufriß a" b" γ" δ" ist, herabgeschlagen werden, so denke man sich dasselbe um die Seite a b, a" b", welche parallel mit dem Grundriß ist, gedreht. Zuerst bestimme man nach § 45 den Winkel α, welchen die Ebene des Rechtecks mit dem Grundriß bildet, indem man in dem rechtwinkligen Dreieck m o p die Kathete m p = a δ, die andere o p = e δ" = f γ" macht; dann ist der der letztern gegenüberliegende Winkel m o p = α der gesuchte, während die Hypothenuse m o die gesuchte Länge des Rechtecks ist, vermittelst welcher sich die herabgeschlagene Figur a b d d ergiebt.

Auf gleiche Weise ergiebt sich Fig. 40 aus der Projection a b γ' δ' und a" b" γ" δ" das auf den Grundriß herabgeschlagene Trapez a b c d.

Fig. 39.   Fig. 40.

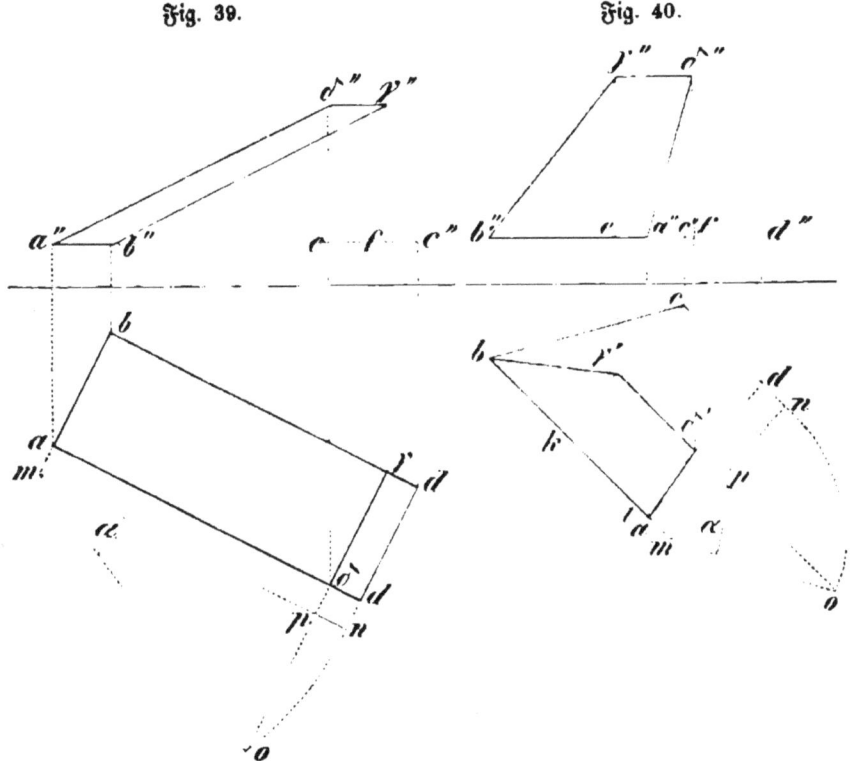

Die Hilfsfigur m o p kann als Profil angesehen werden, dessen Achse m n senkrecht auf der Drehungskante b a steht und horizontal ist; m p ist gleich der Breitendimension γ' k = δ'l des Grundrisses und o p ist gleich der Höhendimension e γ" = f δ" des Aufrisses vor dem Herabschlagen, während m o die Breite der Figur im Raume angiebt. Während der Drehung

derselben um den Winkel α beschreibt der den Punkten γ und δ ent=
sprechende Punkt o im Hilfsprofil den Bogen o n; bei n ist derselbe in
die horizontale Lage gekommen, in welcher die Breite m n der Figur im
Grundriß in der wahren Größe erscheint.

§ 50.

Wenn die herabzuschlagende Fläche keine mit der Projectionsebene
parallele Seite hat, so suche man entweder deren Spur und verfahre mit
jedem Punkte nach § 46 oder man denke sich die Projectionsebene parallel
mit sich selbst verschoben, bis sie durch den ihr zunächst liegenden Punkt
der Figur geht, bestimme die Spur in Bezug auf diese neue Ebene und
verfahre wie vorher.

Man kann sich auch durch die Figur eine beliebige mit der Projec=
tionsebene parallele Ebene gelegt denken, so daß ein Theil der Figur
über, ein anderer Theil unter dieser Ebene liegt, und sodann die Figur
um die Durchschnittskante so lange gedreht denken, bis sie mit dieser
Ebene zusammenfällt. In diesem Falle muß man sich ein Hilfsprofil,
welches den Neigungswinkel beider Ebenen enthält, sowohl über, als unter
der Drehungskante antragen, da die herabgeschlagene Figur auf beiden
Seiten derselben liegt.

§ 51.

Mit dem Herabschlagen ebener Flächen steht in unmittelbarem Zu=
sammenhang die Construction der Netze eckiger Körper. Durch das Herab=
schlagen einer ebenen Figur erlangt man deren wahre Gestalt und Größe
und wenn man sämmtliche Flächen, aus denen die gesammte Oberfläche
eines eckigen Körpers besteht, so auf einer Ebene aneinanderreiht, daß je
zwei derselben mindestens eine Kante gemeinschaftlich haben, so erhält
man das vollständige Netz des Körpers. (§ 58, I.)

Wie man für Prismen und Pyramiden die Netze erhält, ohne erst
sämmtliche Flächen umzuklappen, ist bereits Heft I, § 59 u. ff. gezeigt
worden. Am einfachsten gestaltet sich die Darstellung der Netze bei regel=
mäßigen Prismen und Pyramiden, da die Grundflächen regelmäßige
Vierecke und die Seitenflächen im erstern Falle congruente Rechtecke, im
letztern Falle congruente und gleichschenklige Dreiecke sind.

Was die regelmäßigen Körper im engern Sinne anlangt, so besteht die Oberfläche des Tetraëders aus 4, die des Octaëders aus 8, die des Itosaëders aus 20 gleichen, gleichseitigen Dreiecken; ferner die Oberfläche des Hexaëders oder Würfels aus 6 gleichen Quadraten, die des Dodekaëders aus 12 gleichen, regelmäßigen Fünfecken. Diese Flächen lassen sich leicht aneinander legen. Das Netz des Dodekaëders z. B. besteht aus zwei von je 6 regelmäßigen Fünfecken gebildeten sternförmigen Figuren, welche je eine Seite gemein haben.

Wenn diese Netze nicht schon beim Unterrichte in der Formenlehre oder Stereometrie dargestellt worden sind, so ist es zweckmäßig, dies an dieser Stelle zu thun. Wir selbst wollen dies unterlassen, um den Raum für andere, der Praxis näher liegende Figuren zu sparen.

§ 52.

Wenn die Lage der Projectionsebenen gegen den Körper nicht vorgeschrieben ist, so lasse man die eine Figur des Netzes mit der einen Projectionsebene, z. B. mit dem Grundriß zusammenfallen und klappe dann die um dieselbe herumliegenden Figuren allmälig herauf, bis der Körper geschlossen ist.

Fig. 41.

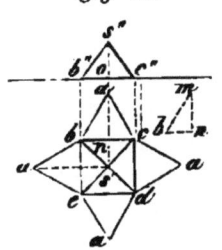

Sehr einfach gestaltet sich das Verfahren bei Pyramiden und Prismen. Wenn z. B. Fig. 41 im Grundriß das Netz einer regelmäßigen vierseitigen Pyramide gegeben ist, so lasse man die Grundfläche a b c d im Grundriß liegen und denke sich die gleichseitigen Dreiecke a b c, a d e, a b e um die Grundkanten gedreht, bis deren Spitzen in einem Punkte s zusammentreffen. Im vorliegenden Falle liegt der Punkt s über dem Mittelpunkte der Grundfläche. Während der Drehung beschreibt jeder Punkt einen Kreisbogen, dessen Mittelpunkt auf derjenigen Grundkante liegt, um welchen die Drehung des betreffenden Dreiecks erfolgt ist und zwar wird dieser Mittelpunkt erhalten, wenn man von dem Punkte, den man während der Drehung verfolgen will, z. B. von a auf die Drehkante b c ein Loth an fällt. Wenn der Punkt a nach s, lothrecht über s', gekommen ist, so bildet an die Hypothenuse und deren Projection su

die eine und die Höhe ss' der Pyramide die andere Kathete eines recht=
winkligen Dreiecks. Construirt man dieses Dreieck aus den gegebenen
Stücken ns' und an, so ergiebt sich die Höhe der Pyramide.

Da im vorliegenden Falle $bn = s'n$ ist, so schlage man von b aus
mit an als Radius einen Bogen, welcher an in m schneidet, so ist Dreieck
$bmn \cong$ Dreieck $ss'n$, denn es ist $bn = s'n$, $bm = au = sn$, mithin
auch $mn = ss' =$ der Höhe der Pyramide. Macht man daher im Aufriß
$s''o = mn$, so ergiebt sich der Aufriß $s''b''s''$ der Pyramide.

Zusatz. 1) Durch Drehung um horizontale und vertikale Achsen
läßt sich der aus dem Netz dargestellten Pyramide jede beliebige Lage gegen
die Projectionsebene geben.

Zusatz. 2) Man hätte, um die Höhe ss' der Pyramide zu finden,
auch das Dreieck sbs' im Raume, von welchem die Hypothenuse $sb = ab$
und die eine Kathete bs' gegeben ist, darstellen können.

§ 52b.

Aus dem vorstehenden speciellen Fall läßt sich folgende allgemeine
Regel ableiten: Um zwei im Grundriß umgeklappte Figuren abc und
abe Fig. 41 wieder aufzuklappen, bis die mit ab bezeichneten Nachbar=
kanten zusammenfallen, fälle man von jedem der mit a bezeichneten
Punkte auf die Drehungskanten bc und be Lothe, so muß auf denselben
oder deren Verlängerung der Grundriß s' des Punktes a nach dem Auf=
klappen liegen. Nun stellt der Abstand s'n dieses Grundrisses von der
entsprechenden Drehkante bc die eine Kathete, das vor dem Aufklappen
auf die Drehkante gefällte Loth an die Hypothenuse eines rechtwinkligen
Dreiecks dar, welches sich hiermit construiren läßt, während die andere
Kathete die gesuchte Höhe des aufgeklappten Punktes über dem Grundriß ist.

Von der Ausmittelung der Dachflächen.

§ 53.

Das Herabschlagen ebener Flächen findet in der Praxis die mannig=
fachsten Anwendungen, von denen wir die Ausmittelung der Dachflächen
specieller behandeln wollen.

Was die Form der in der Praxis vorkommenden Dächer anlangt,

so ist dieselbe ungemein mannigfaltig; die Grundfigur des Gebäudes, der Baustyl, die örtliche Lage, das Deckmaterial, welches die Höhe oder die Neigung gegen den Horizont bedingt, sowie manche andere Umstände, sind maßgebend für die Form des Daches. Die Projectionslehre hat es nicht mit der Erwägung dieser verschiedenen Rücksichten zu thun, sondern es beschränkt sich deren Aufgabe auf die Darstellung und Ausmittelung gegebener Dachflächen. Zu diesem Zweck müssen wir vorerst die gewöhnlichsten Dachformen und die technischen Ausdrücke, welche in Bezug auf dieselben üblich sind, kennen lernen.

Man kann der Form nach folgende Arten von Dachflächen unterscheiden: 1) das Pult= oder Taschendach, auch halbes Dach genannt; 2) das Sattel= oder Giebeldach; 3) das Walmdach; 4) das Mansarden= oder gebrochene Dach; 5) das Zeltdach; 6) das Bohlendach; 7) das Kuppeldach. Außerdem kommen bei verwickelten Grundflächen verschiedene Combinationen dieser genannten Formen vor.

Das Pultdach besteht nur aus einer Dachfläche, die sich gegen eine senkrechte Wand lehnt. Das Satteldach oder das zweihängige Dach besteht aus zwei entgegengesetzt geneigten Dachflächen, die sich an der höchsten Stelle in einer horizontalen Linie, der sogenannten Firstenlinie oder dem Firsten schneiden. Beim Satteldach in seiner einfachsten Gestalt wird der Dachraum auf beiden Seiten von dreiseitigen senkrechten Mauergiebeln begrenzt, daher nennt man dasselbe auch Giebeldach. Wenn an den Giebelseiten sich ebenfalls Abdachungen befinden, die man die Walme nennt, so entsteht ein Walmdach. Ist dasselbe aus dem Pultdach entstanden, also dreihängig, so heißt es ein Walmpultdach; liegt jedoch das Satteldach zu Grunde, welcher Fall am häufigsten vorkommt, so wird es schlechthin ein Walmdach genannt. Die Durchschnittslinie der Walme mit den benachbarten Dachflächen nennt man die Grate, und die Punkte, in welchen dieselben mit der Firstenlinie zusammentreffen, werden die Anfallspunkte genannt. Wenn alle Trauflinien in der nämlichen Horizontalebene liegen, so heißt das Walmdach ein ganzer Walm; ist dies nicht der Fall, so nennt man es einen halben oder Krüppelwalm.

Wenn die Dachflächen aus je zwei Ebenen bestehen, von welchen die

obere eine kleinere Neigung gegen den Horizont hat, so entsteht ein ge=
brochenes oder ein sogenanntes Mansardenbach. Dasselbe kann
entweder vom Pultbach oder vom Satteldach oder vom Walmbach
abgeleitet sein. Wegen des schlechten Ansehens und der unvortheilhaften
Construction kommt dasselbe gegenwärtig selten zur Anwendung.

Wenn die Anfallspunkte eines ganzen Walmdaches zusammenfallen,
so daß die Dachflächen Dreiecke und das ganze Dach die Gestalt einer
Pyramide hat, so nennt man dasselbe ein Zeltdach. Dasselbe eignet
sich besonders zur Bedachung über quadratischen Grundflächen.

Sind die Dachflächen nicht eben, sondern gerundet, so daß ein, durch
dieselben geführter vertikaler Querschnitt krumme Begrenzungslinien hat,
so heißt das Dach ein Bohlendach. Demselben kann jede der bisherigen
Dachformen zu Grunde liegen.

Ein über einer runden Grundfläche aufgeführtes Bohlendach wird ein
Kuppeldach genannt. Dasselbe kann die Form einer Halbkugel oder
eines andern Rotationskörpers haben.

§ 54.

Wenn die Projection eines Daches und außerdem die wahre Form
und Größe der einzelnen Dachflächen ermittelt werden soll, so daß man
ein Netz des Daches erhält, so nennt man das dabei zu beobachtende
Verfahren die Dachausmittelung. Dabei
wird es sich besonders um die Darstellung der
Grate und der Firstenlinie, welche die
Grenzen der Dachflächen bilden, handeln; dazu
kommen bei Grundflächen mit einspringenden
Winkeln die daselbst entstehenden Linien, welche
die Kehlen genannt werden.

Fig. 42.

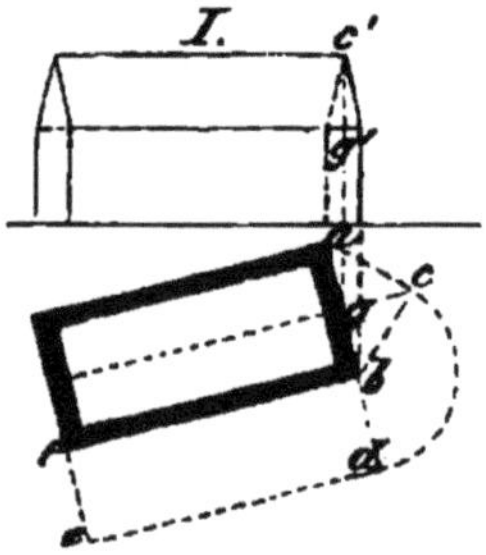

Den verschiedenen Flächen des näm=
lichen Daches giebt man gern einerlei
Neigung gegen den Horizont, weil da=
durch das gute Ansehen gefördert, die Con=
struction vereinfacht und die Stabilität des Daches, sowie die Abnutzung
des Bedachungsmaterials nach allen Seiten eine gleichmäßige wird. Doch

giebt es Fälle, in welchen das Princip der gleichen Dachneigung nicht gut durchführbar ist.

Ist die Grundfläche ein Rechteck, so wird man beim Satteldach gleiche Dachneigung erhalten, wenn die Projection der Firstenlinie die Giebelseiten der Grundfläche halbirt; dann sind die Giebel gleiche und gleichschenklige Dreiecke und die Dachflächen sind gleiche Rechtecke. Wenn man Fig. 42 den einen Giebel a b c und die eine Dachfläche b d e f umklappt, so stellen im Dreieck a b c die gleichen Winkel c a b und c b a die Dachneigung und die Seiten a c und b c die Giebelsparren dar, während die Höhe c g des Dreiecks gleich der Dachhöhe h ist. Da im Rechteck b d e f die Seiten b d und f e ebenfalls die Giebelsparren darstellen, so muß a c = b c = f e sein.

§ 55.

Walmdach. Ebenso wie beim Giebeldach, läßt sich auch beim Walm= dach leicht eine gleiche Neigung der Dachflächen erzielen, wenn die Grund= figur ein Rechteck ist; man darf nur die Winkel derselben halbiren und die Halbirungslinien als die Projectionen der Grate ansehen; dadurch ergeben sich zugleich die Projectionen der Anfallspunkte a und k Fig. 43 und die des Firsten a k. Die Walmen sind in diesem Falle gleich=

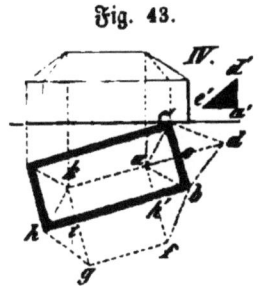

Fig. 43.

schenklige Dreiecke und die Dachflächen Trapeze, welche paarweise congruent sind; daher brauchen wir nur den einen Walm a b c und die eine Dachfläche a b h k ins Auge zu fassen. Um die Neigungswinkel derselben gegen den Horizont zu erhalten, fällen wir nach § 46 vom Anfalls= puncte a im Grundriß auf die Kanten c b und b h die Senkrechten a e und a k und denken uns die dazu gehörigen Linien im Raume, so stellen die Winkel, welche die letzteren mit ihren Pro=
jectionen bilden, die Neigungswinkel der Dachflächen dar. Construirt man die über a e und a k liegenden rechtwinkligen Dreiecke, so werden sich diese als gleich ergeben; denn das von a im Raume auf die Ebene des Grundrisses gefällte Loth ist die Dachhöhe h und diese ist die eine

Kathete, während die beiden anderen Katheten a e und a k als Seiten des Quadrats a e b k ebenfalls gleich sind; macht man daher in dem, außerhalb der Fig. 43 dargestellten rechtwinkligen Dreieck a'd'e' die eine Kathete a'd' = h, die andere Kathete a'e' = ae = ak, so ergiebt sich die gemeinschaftliche Dachneigung = ∟d'e'a'. Zugleich ergiebt sich die Höhe e d des umgeklappten Walmdreiecks b c d und die Breite k f der umgeklappten Dachfläche b f g h gleich der Hypothenuse d'e' des Hilfsdreiecks a'e'd' und aus diesen umgeklappten Flächen ergiebt sich die Länge der Grate c d = d b = b f = g h.

Als besonderer Fall des vorhergehenden läßt sich die in der Praxis oft vorkommende Dachform ansehen, wo die Firstenlinie des Walmdaches in eine Plattform übergeht; dann sind die vier Dachflächen Paralleltrapeze und die Plattform ist ein Rechteck. Bestimmt man die Projectionen der Grade wiederum durch Halbirung der Winkel der Grundfigur, so erhält man eine gleiche Dachneigung, welche im Hilfsdreieck m n o der Winkel n Fig. 44 darstellt;

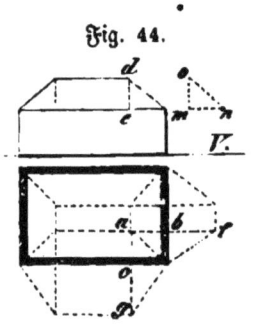

Fig. 44.

in demselben ist, wie bisher m n = a b = a c und o m = d e = h, wodurch sich die Breiten b f = c g der umgeklappten Dachflächen gleich der Hypothenuse o n ergeben.

§ 56.

Bei den bis jetzt behandelten Fällen sind folgende Bedingungen erfüllt worden: 1) daß die Dachflächen Ebenen sind, 2) daß deren Neigung gegen den Horizont gleich groß ist und 3) daß die Firstenlinie horizontal ist. Es kommen aber Fälle vor, in welchen diese drei Bedingungen nicht gleichzeitig erfüllt werden können; je nachdem man nun die eine oder die andere derselben aufrecht erhält, ergeben sich verschiedene Lösungen der nämlichen Aufgabe.

Was die erste Bedingung anlangt, so kann durch drei Punkte jederzeit eine Ebene gelegt werden, durch vier und mehr Punkte aber nur unter gewissen Umständen. Daher kann eine dreiseitige Dachfläche, z. B. ein

Walm, stets eine Ebene sein, eine vierseitige aber nur dann, wenn zwei gegenüberliegende Kanten derselben sich entweder in einem Punkte schneiden oder parallel sind, da nur durch zwei sich schneidende oder zwei parallele Gerade eine Ebene gelegt werden kann.

Wenn man dagegen zwei sich kreuzende Gerade durch eine Fläche verbinden will, so kann dieselbe niemals eine Ebene sein, sondern es entsteht in diesem Fall eine sogenannte windschiefe Fläche; dieselbe kann man sich durch Bewegung einer geraden Linie erzeugt denken, welche die beiden Geraden fortwährend schneidet oder auf denselben hingleitet.

Je nachdem die Bewegung der erzeugenden Geraden noch an eine anderweite Bedingung geknüpft wird, z. B. daß dieselbe einer gegebenen Ebene parallel bleibt oder eine dritte Linie schneidet, entstehen verschiedenartige windschiefe Flächen. Die specielle Behandlung derselben liegt außerhalb des uns gesteckten Zieles und müssen wir in dieser Beziehung auf die descriptive Geometrie und die analytische Geometrie des Raumes verweisen.

§ 57.

Sind die Längenseiten einer vierseitigen Grundfläche parallel, so lassen sich ebene Dachflächen sehr leicht über derselben construiren, gleichviel ob man ein Giebel= oder ein Walmbach wählt. Soll über die trapezförmige Fläche a b c d Fig. 45 ein Giebeldach construirt werden, so nehme man die mittlere Parallele e f als Projection der Firstenlinie, dann sind die umgeklappten Giebel b c g und a d m gleichschenklige Dreiecke, da deren Grundlinien halbirt und in den Halbirungspunkten die Senkrechten e g und f m errichtet worden sind, welche gleich der Dachhöhe h sind. Klappt man die Dachfläche a b e f um, indem man dieselbe um a b dreht, so beschreiben die Punkte e und f des Firsten Kreisbogen, deren Projectionen f l und e x senkrecht auf a b oder e f stehen, daher liegen die Punkte e und f nach dem Umklappen auf diesen Senkrechten; ebenso

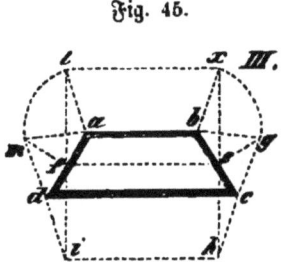

Fig. 45.

ist es in Bezug auf die andere Dachfläche. Da nun die Seiten der Giebeldreiecke und die der benachbarten Dachflächen die nämlichen Giebelsparren darstellen, so ergeben sich nach der gemachten Bemerkung leicht die umgeklappten Dachflächen.

Soll über dem Trapez a b c d Fig. 46 ein Walmdach construirt werden, so läßt sich wieder durch Halbirung der Winkel gleiche Dachneigung erzielen, da die Lothe, welche man von den so erhaltenen Anfallspunkten g und h auf die benachbarten Trapezseiten fällt, gleich sind. Trägt man dieselben im Hilfsdreieck n o q als die eine Kathete $= n q$ auf und macht die andere Kathete o n gleich der Dachhöhe h, so ist Winkel q die Dachneigung und die Hypothenuse o q ist gleich der Breite der vier Dachflächen e f u. s. w., die man durch Drehung um die Trauflinien, wie bisher, umklappt.

Fig. 46.

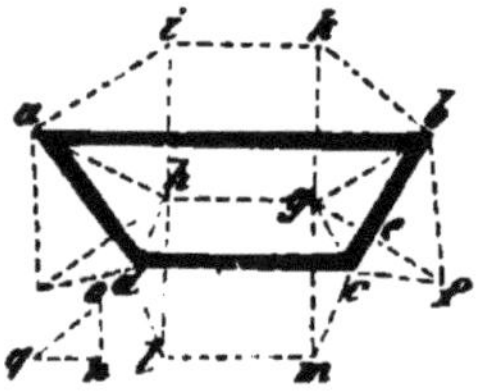

Die über h g liegende Firstlinie ist horizontal, da die Anfallspunkte h und g gleich hoch über der Grundfigur angenommen sind; ferner ist dieselbe parallel den Trauflinien a b und c d, da h g parallel a b und c d ist; daher sind alle vier Dachflächen Ebenen und die § 56 aufgestellten Bedingungen sind im vorliegenden Falle erfüllt.

§ 58.

Ist die Grundfigur a b c d Fig. 47 ein Trapezoid, so muß man eine der § 56 gestellten Bedingungen aufgeben, gleichviel, ob das Dach ein Giebel- oder Walmdach werden soll. Denn wäre die Firstlinie f g horizontal, so könnte sie die Trauflinien a b und c d weder schneiden, noch mit beiden zugleich parallel sein und müßte dann wenigstens eine der Dachflächen windschief werden.

Wenn man dagegen, um ebene Dachflächen zu erhalten, die Trauflinien verlängert, bis sie sich in e schneiden und die Firstlinie so legt, daß sie ebenfalls durch e geht, so kann dieselbe nicht horizontal sein. Um im letztern Falle, welcher Fig. 47 durchgeführt ist, gleiche Dachneigung zu erhalten, halbire man sowohl die Winkel der Grundfigur

a, b, c, d, als auch den Winkel bei e; dann schneiden sich die Halbirungs=
linien zu je dreien in den Punkten f und g nach dem Satz, daß, wenn
man die drei Winkel a, d und c eines Dreiecks oder auch zwei Außen=
winkel d c f und a b f und einen
innern Winkel c e b halbirt, sich
die Halbirungslinien in einem
Punkte schneiden. Wählt man
die so erhaltenen Punkte f und
g als die Projectionen der An=
fallspunkte eines Walmdaches,
so erhalten die Walme und die
Dachflächen gleiche Neigung. Denn
die von g auf die benachbarten Trauflinien gefällten Senkrechten sind
ebenso, wie die von f gefällten, unter sich gleich. Macht man im Hilfs=
dreieck g' i' k' die eine Kathete g' i' $=$ g i $=$ g l $=$ g o und die andere
Kathete g' k' gleich der Dachhöhe h, wie sie am Anfallspunkte g ist, so
ist i' der Neigungswinkel der Dachflächen c d g f und a b f g und des
Walmes a d g und die der ersteren sind wieder gleich der Neigung des
Walmes b c f gegen den Horizont.

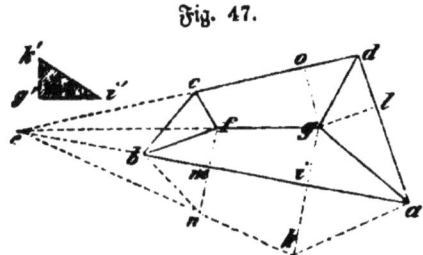

Fig. 47.

Die Dachhöhen bei f und g verhalten sich wie die Senkrechten f m
und g i. Nachdem die Höhe bei g gleich g' k' im Dreieck g' i' k' an=
genommen ist, ergiebt sich die Höhe bei f, indem man auf der Kathete
i' g' die Länge f m von i' aus abträgt und eine Parallele zu g' k' zieht.

Um eine der Dachflächen, z. B. a b f g herabzuschlagen, trage man
auf der Verlängerung von g i die Hypothenuse i' k' $=$ i k ab und ziehe
k e; dann schneidet die verlängerte f m auf k e den zweiten Anfallspunkt
f ab und a b n k ist gleich der umgeklappten Fläche a b f g. Vermittelst
der Breiten i k und m n lassen sich auch die übrigen Flächen leicht
herabschlagen.

§ 59.

Da ein Dach mit geneigtem Firsten keinen vortheilhaften Anblick
gewährt, so macht man von der § 58, Fig. 47 gegebenen Construction
selten Gebrauch. Man verzichtet lieber auf die Bedingung, daß alle

Dachflächen Ebenen mit gleicher Neigung gegen den Horizont sein sollen, in Fällen, wo nicht alle drei Bedingungen zugleich erfüllt werden können.

Wenn die eine Längenseite des Gebäudes einem Hofe zugekehrt ist oder wenn dieselbe gar nicht zur Ansicht kommt, so verlegt man die Windschiefe auf diese Seite. Ist dies z. B. in Beziehung auf die Seite a b der trapezförmigen Grundfläche a b c d Fig. 48, über welche ein Giebeldach kommen soll, der Fall, so halbire man die kürzere Giebelseite b c in e und ziehe durch e eine Parallele mit c d, um die Projection der horizontalen Firstenlinie zu erhalten; dann wird die vordere Dachfläche c d f e ein ebenes Rechteck und die hintere a b e f ein windschiefes Viereck. Die umgeklappten Giebel b c g und a d m stellen die Dachneigung dar, welche bei b, c und d gleich, bei a aber kleiner ist.

Fig. 48.

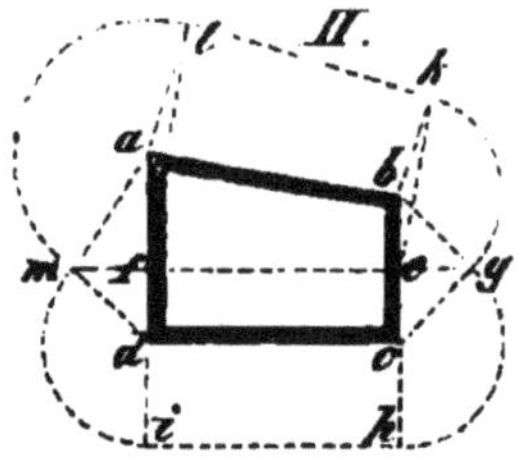

Die windschiefe Fläche a b e f läßt sich streng genommen nicht umklappen; denn wenn man dieselbe in der bisherigen Weise um die Trauflinie a b dreht, so werden zwar die Projectionen der Punkte e und f während der Drehung auf den von e und f auf a b gefällten Senkrechten f l und e k liegen, aber die Punkte e und f werden nicht gleichzeitig mit der Ebene des Grundrisses zusammenfallen, da die vier Endpunkte a, b, e und f eines windschiefen Vierecks nicht in einer Ebene liegen. Man erhält aber, wenn die Windschiefe nicht zu groß ist, wenigstens näherungsweise die umgeklappte Fläche a b k l, wenn man, wie bisher, a l = a m und b k = b g macht.

Soll über a b c d Fig. 48 ein Walmdach kommen, so behalte man c f als Firstenlinie bei, halbire die Winkel d und c, um die Anfallspunkte zu erhalten und verfahre im Uebrigen wie Fig. 46.

§ 60.

Wenn ein Walmdach über einer trapezoidischen Grundfigur a c k l Fig. 49 einen horizontalen Firsten b m erhalten soll, so kann man entweder die Windschiefe auf eine Seite verlegen, indem man, wie Fig. 48, den Firsten parallel mit der einen Trauflinie legt, oder

man verfährt in folgender Weise. Nachdem im Grundriß die Anfalls=
punkte b und m Fig. 47 durch Halbirung der Winkel der Grundfigur
bestimmt sind, fällt man von b und m Lothe auf die benachbarten Trauf=
linien und theilt dieselben in eine gleiche Anzahl, z. B. in je drei gleiche
Theile. Denkt man sich nun die Windschiefen so erzeugt, daß eine
Gerade auf diesen Senkrechten fortgleitet, aber so, daß sie immer zwei
sich entsprechende Theilpunkte derselben schneidet, so erhält man eine
Anzahl, die windschiefen Flächen bestimmende, gerade Linien. Zieht man
nun zugleich durch die Theilpunkte der in den Walmen liegenden Senk=
rechten b d und m o Parallelen zu a c und k l, so geben deren Durch=
schnitte mit den vorhin auf den Windschiefen gezogenen Geraden Be=
stimmungspunkte für den Grundriß der Grate, welche in diesem Falle
krummlinig sind.

Die Neigungswinkel der Dachflächen und deren Breiten bei b und m
erhält man durch Construction der auf b d und m o stehenden recht=
winkligen Dreiecke, indem man
b'd' = bd, m'n' = mo und
b'g' = m'o' = der Dachhöhe
h macht; dann ist im Dreieck
b' d' g' ∟ d' gleich der Nei=
gung und g' d' gleich der
Breite der Dachflächen bei b
und im Dreieck m'n'o' ∟ n'
gleich der Neigung und o'n' gleich der Breite der Dachflächen bei m.
Die wahre Größe der Gratcurven erhält man am besten durch Umklappen
der Walme. Um z. B. den Walm a b c umzuklappen, trage man auf der
Verlängerung von b d die Hypothenuse g'd' = dg auf; hierauf kann
man entweder dg in drei gleiche Theile theilen, durch die Theilpunkte
Parallelen mit a c ziehen und deren Längen gleich den entsprechenden
Längen im Grundriß a b c machen, oder man construire die Ordinaten i f,
h e, in derselben Weise, wie d g, wozu man das Hilfsdreieck b'd'g' be=
nutzen kann, da dasselbe den Neigungswinkel der Ebene a b c enthält.

Fig. 49.

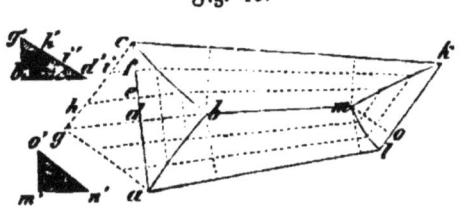

Da die krummen Gratlinien in der Praxis schwierig darzustellen sind
und dem Dach ein unvortheilhaftes Ansehen geben, so kann man dieselben

dadurch umgehen, daß man zwischen den Walmen und den Windschiefen ebene Dreiecke einschaltet, welche von den aus den Anfallspunkten auf die Trauflinien gefällten Senkrechten abgeschnitten werden; dann sind nur die zwischen diesen Senkrechten liegenden Strecken windschief, während die anstoßenden Dreiecke nach § 56 eben sind; der dadurch zwischen den drei- und vierseitigen Dachflächen entstehende Bruch ist weniger auffällig, als der krummlinige Grat.

Eine dritte Ausmittelung der unregelmäßigen vierseitigen Grundform besteht darin, daß man die Plattform anwendet. Werden die Winkel der Grundfläche wiederum halbirt, so betrachte man die Halbirungslinien als Projectionen der Grate, ziehe aber, um die Windschiefe zu vermeiden, in jeder Fläche eine Parallele zur zugehörigen Trauf-linie. Diese Parallelen kann man so ziehen, daß sie im Grundriß ein Dreieck a d e und drei Trapeze a b g e; b c f g und c d e f ab-schneiden, über welche nach § 56 ebene Dach-flächen mit gleicher Neigung construirt werden können, welche oben durch eine dreiseitige horizontale Plattform e f g begrenzt sind. Will man eine vierseitige Plattform haben, so darf man nur die Linien e f und o g weiter nach c d und e g hin verlegen; dann werden alle vier Dachflächen Trapeze.

Fig. 50.

§ 61.

Walmdach mit Wieder-kehr. Wenn die Grundfläche einen einspringenden Winkel d e f Fig. 51 enthält, so entsteht eine sogenannte Wiederkehr; die Stelle bei e heißt die Kehle und der daselbst liegende und beide Dachflächen verbindende Sparren e i wird der Kehlsparren genannt.

Sind die Langseiten d e und a b, sowie e f und b c parallel, so

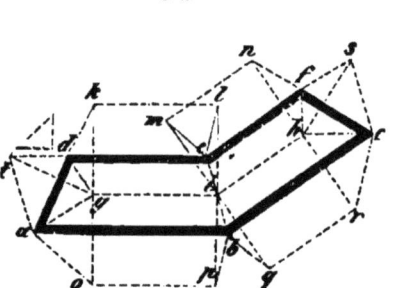

Fig. 51.

laſſen ſich die § 56 geſtellten Bedingungen erfüllen. Man beſtimme, wie bisher, durch Halbirung der Winkel, die Anfallspunkte g und h im Grundriß, die man im Raume gleich hoch über die Grundfläche legt, um durchaus gleiche Dachhöhe zu erhalten; zieht man nun durch g und h Parallelen zu den Langſeiten, ſo ſchneiden ſich dieſelben in einem Punkte i, wodurch ſich die Kehle e i und der Grat b i ergiebt. Von nun an ver= fährt man im Ganzen, ſowie mit jeder einzelnen Dachfläche, ganz wie § 58, Fig. 46, nur daß man bei e i und i b nicht Walme, ſondern gerade Linien erhält. Beim Umklappen fallen die Flächen d c l k und e f n m zum Theil aufeinander.

Sind die Trauflinien der Langſeiten nicht parallel, ſo muß man entweder die horizontalen Firſten oder die gleichgeneigten und ebenen Dachflächen aufgeben und überhaupt eine der § 58 und ff. angegebenen Methoden der Ausmittelung anwenden.

§ 62.

Bohlendach. Die einfachſte Form des Bohlendachs würde das cylindriſche oder tonnengewölbartige Satteldach Fig. 52 ſein. Denkt man ſich deſſen Giebel oder deſſen, gegen die Achſe ſenkrecht geführten Quer=

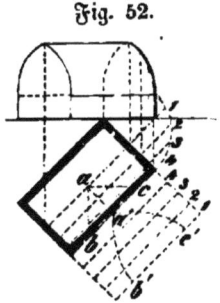

Fig. 52.

ſchnitt zur Hälfte umgeklappt und durch die Punkte 1, 2, 3, 4, Parallelen zur Achſe gezogen, ſo zer= fällt die Dachfläche näherungsweise in Rechtecke, die man aneinander tragen kann, indem man deren Breiten aus dem umgeklappten Giebel oder Profil = 1 — 2; 2 — 3; 3 — 4 entnimmt.

Ein beliebiger, ſchräg gegen die Achſe geführter Vertikaldurchſchnitt nach a b oder a c läßt ſich ver= mittelſt der genannten Hilfslinien im Netz ebenfalls leicht darſtellen.

Dem Bohlendach nahe verwandt ſind die eckigen Kuppeln, deren einzelne Flächen man durch Linien, welche den Grundkanten parallel ſind, näherungsweise in Trapeze theilt, wie in Fig. 53a angedeutet iſt. Die Breiten dieſer Trapeze laſſen ſich aus dem Grundriß, die Höhen aus dem Aufriß entnehmen und durch Aneinanderreihen dieſer Trapeze ergeben sich die ausgetragenen krummen Seitenflächen Fig. 53b oder das Netz des Körpers.

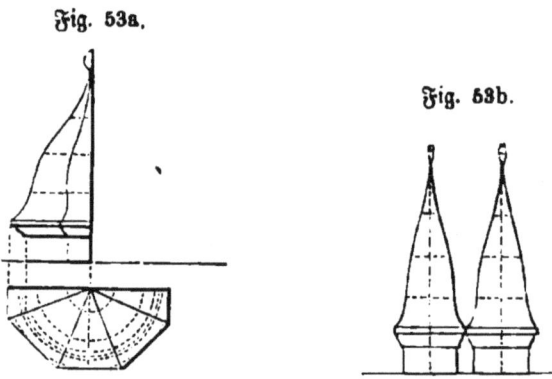

Fig. 53a.　　　　　　　　　　Fig. 53b.

Soll eine runde Kuppel von der Fig. 54a dargestellten Form aus= getragen werden, so theile man die Grundfläche durch Radien in eine Anzahl, z. B. 12 gleiche Theile und denke sich dem entsprechend die

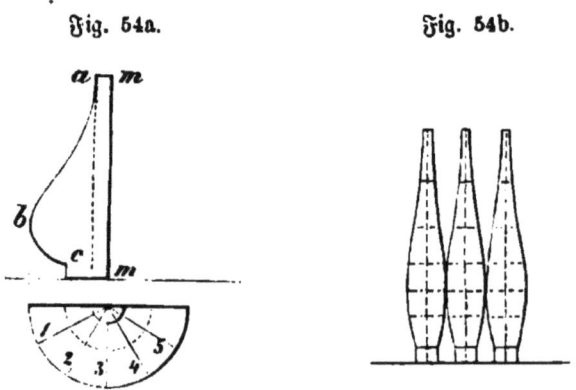

Fig. 54a.　　　　　　　　　　Fig. 54b.

Oberfläche durch Vertikalschnitte in ebenso viel gleiche Theile getheilt, die man näherungsweise durch Horizontalschnitte in kleine Trapeze theilt und wie in voriger Figur aneinanderreiht.

Dietzel, Angew. Projectionslehre. 3. Aufl.　　　　　5

§ 63.

Außer den bis jetzt behandelten Dachformen kommen in der Praxis noch eine Reihe von anderen Gestalten vor, die sich aber zum großen Theil auf die bisherigen zurückführen lassen.

Bei langen Fronten bringt man sehr häufig entweder in der Mitte einen Vorbau oder an den Seiten vorspringende Flügel an, wodurch verschiedenartige Dachconstructionen entstehen. In solchen Fällen durchschneiden oder durchbringen sich zwei oder mehrere Dachflächen und an den Stellen, wo dies geschieht, entsteht eine Wiederkehr mit Kehlen oder ein Grat.

Wir haben § 61, Fig. 51 eine Wiederkehr ausgemittelt, welche durch zwei unter einem stumpfen Winkel zusammenstoßende Flächen erzeugt wurde. Dasselbe Verfahren ist im Allgemeinen beizubehalten, wenn die Flächen eines Flügels senkrecht auf der Hauptfronte stehen. Wenn dabei die Breite des Flügels gleich der Tiefe des Gebäudes ist, so liegen Kehle und Grat in einer senkrechten Ebene, welche, wie Fig. 51 die Winkel bei b und e halbirt.

Wenn dagegen die Breite des Flügels kleiner ist, so schneidet dessen eine Dachfläche von der Dachfläche des Gebäudes ein Stück f f d Fig. 55a auf der linken Seite aus. Die daselbst entstehenden Gratstücke f d nennt man einen Dachverfall. Wäre die Breite des Flügels größer, als die des Gebäudes, so dürfte man in der Figur nur beide vertauschen.

Um die Dachverfälle, welche dem guten Ansehen des Gebäudes Eintrag thun, zu vermeiden, sieht man bei geringem Unterschiede zwischen der Breite des Flügels und der Tiefe des Gebäudes von der Gleichheit der Dachneigung ab oder man wählt die Plattform, wie Fig. 55a rechts angegeben ist.

Fig. 55a. Fig. 55b.

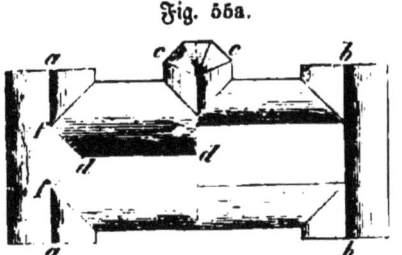

Außerdem ist Fig. 55a in der Mitte ein Vorbau angedeutet, dessen vordere Dachfläche die Form eines halben Zeltdaches hat, während sich die hintere Seite durch Kehlen mit dem Dach des Gebäudes verbindet. Fig. 55b ist bei c c die Form eines halben Kuppeldaches gewählt, während bei b b ein Giebeldach vorausgesetzt ist, dessen Firsten auf gleiche Höhe mit dem Firsten des Gebäudes gebracht ist. Das Austragen dieser letzteren Formen kann nach den vorausgegangenen Beispielen keine Schwierigkeit darbieten.

Die Ausmittelung anderer, verwickelter Grundformen, insbesondere solcher, welche auf verschieden gestaltete, convexe und concave, Grate führen, liegt außerhalb der Grenzen dieses Leitfadens. Der von uns beabsichtigte Zweck, die Uebungen im Herabschlagen der Flächen zugleich mit der Praxis in Verbindung zu setzen, ist durch vorstehende Beispiele erreicht.

Curven auf krummen Oberflächen.

§ 64.

Bei den § 28 u. ff. behandelten Körperdurchbringungen gelangt man zu verschiedenen krummen Linien, deren geometrischer Ort die krumme Oberfläche eines Körpers, z. B. eines Cylinders, eines Kegels oder eines Drehungskörpers ist.

Außer diesen Durchdringungscurven kommen in der angewandten Projectionslehre noch verschiedene andere Linien vor, welche auf krummen Oberflächen liegen, z. B. die Grenzen der Cafetten auf der Leibungsfläche von Gewölben, Verzierungen auf runden Säulen, runden Gefäßen u. f. w.

Auf sogenannten Regelflächen, welche man sich durch Bewegung einer Geraden erzeugt denkt, sind die in Richtung der Erzeugenden geführten ebenen Schnitte gerade Linien; hierher gehören die Achsenschnitte der Cylinder= und Kegelflächen. Wenn dagegen auf krummen Kegelflächen nach anderen Richtungen Linien gezogen werden, so sind dieselben Curven, wie wir bereits bei der Ausmittelung windschiefer Dachflächen gesehen haben.

In Bezug auf solche Curven unterscheidet man ebene oder einfach= gekrümmte Curven, wenn alle Punkte derselben in einer Ebene liegen und gewundene oder doppelt=gekrümmte Curven, wenn dies nicht der Fall ist.

Curven der erstern Art entstehen, wenn krumme Flächen von Ebenen durchschnitten oder von eckigen Körpern durchdrungen werden; ferner wenn zwei Drehungskörper, deren Achsen zusammenfallen, sich durchdringen. Bei den meisten anderen Durchdringungen krummer Oberflächen sind aber die Schnittfiguren Curven von doppelter Krümmung.

Oft kommen in der angewandten Projectionslehre auch Curven von doppelter Krümmung unabhängig von Körperdurchdringungen vor; dann muß das Gesetz bekannt sein, nach welchem man sich eine solche Curve erzeugt zu denken hat. Nachdem der Zeichner sich mit diesem Gesetz vertraut gemacht hat, so daß die daraus resultirende Form seinem geistigen Auge vorschwebt, so reicht eine Anzahl von Punkten hin, um die Curve graphisch darzustellen.

Wir werden von den Curven von doppelter Krümmung, deren Darstellung aus dem gegebenen Gesetz ihrer Erzeugung abgeleitet wird, nur die Schraubenlinie behandeln.

§ 65.

Die Schraubenlinie.

Man kann Schraubenlinien auf beliebigen Drehungskörpern, sowie auf schiefen Cylindern und Kegeln von beliebiger Grundfläche darstellen; wir werden uns aber auf den einfachsten und zugleich praktisch=wichtigsten Fall beschränken, auf die Darstellung der auf dem Mantel eines geraden Kreis=Cylinders liegenden Schraubenlinie und schicken in Bezug auf dieselbe folgende Erklärung voraus.

Denkt man sich auf dem Mantel eines geraden Cylinders einen Punkt a bewegt dergestalt, daß er nicht blos parallel mit dem Umfang der Grundfläche fortschreitet, sondern gleichzeitig in Richtung der Achse des Cylinders sich fortbewegt, so daß, wenn er um gleiche Strecken α mit der Grundfläche fortschreitet, er auch gleichzeitig um gleiche Strecken β in Richtung der Achse des Cylinders sich bewegt, so beschreibt derselbe eine Linie von doppelter Krümmung, welche man eine Schraubenlinie oder eine cylindrische Spirale nennt.

Denken wir uns, um die Vorstellung zu fixiren, die Grundfläche des Cylinders horizontal und nehmen wir die Strecken, welche der die Schraubenlinie erzeugende Punkt a nach und nach zurückgelegt, sehr klein an, so daß dieselben ebenso, wie die dazugehörigen Wege in horizontaler Richtung als gerade Linie angesehen werden können, so kann man sich auf dem Mantel des Cylinders eine große Anzahl rechtwinkliger Dreiecke construirt denken, deren eine Kathete α den Weg in horizontaler, deren andere Kathete β den Weg in vertikaler Richtung und deren Hypothenuse γ den vom Punkte a wirklich zurückgelegten Weg darstellt.

Sind die horizontalen Katheten α, α', ... dieser Dreiecke gleich, so müssen nach der vorausgeschickten Definition auch die vertikalen Katheten β, β', ... gleich sein und die Dreiecke sind demnach congruent; mithin sind auch deren Hypothenusen γ, γ' ..., sowie die Neigungswinkel derselben gegen die horizontale oder vertikale Kathete gleich groß. Die Schraubenlinie hat daher überall dasselbe Steigungsverhältniß.

§ 66.

Nach den § 65 gemachten Bemerkungen ergiebt sich leicht das Verfahren, um die vertikale Projection der Schraubenlinie graphisch darzustellen.

Theilt man den Grundkreis Fig. 56a in eine Anzahl gleiche Theile a'b' = b'c' = c'd', ..., so entsprechen dieselben den horizontalen Wegen α des Punktes a; errichtet man in a', b', c', d' ... Lothe und trägt auf denselben im

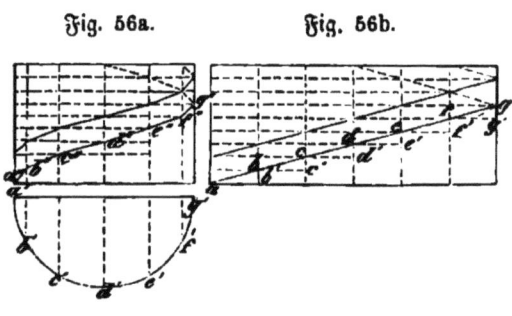

Fig. 56a.   Fig. 56b.

Aufriß die dazugehörigen Wege in vertikaler Richtung auf, welche beliebig, aber für gleiche horizontale Wege ebenfalls gleich groß anzunehmen sind, so ergeben sich die Punkte a", b", c", d", ... der Schraubenlinie im Aufriß.

Die Höhe bei g″ ist die Steigung für den halben Umfang, welche bei der Construction in ebensoviel gleiche Theile zu theilen ist, als der Umfang des halben Grundkreises; von g″ an wendet sich die Curve nach der hintern Seite des Cylinders und ist daher zu punktiren. Denkt man sich die Schraubenlinie weiter fortgesetzt, so erhält man nach einem vollen Umgang die Höhe eines Schraubengangs oder die Gang=höhe. Dieselbe hat überall die nämliche Größe, wo man dieselbe zwischen zwei Umgängen abnehmen mag und ebenso haben alle Umgänge einerlei Länge, da die § 65 erwähnten kleinen Dreiecke bei gleichen horizontalen Katheten auch gleiche vertikale Katheten und gleiche Hypothenusen haben.

Um die wahre Länge der Schraubenlinie zu erhalten, darf man sich nur die erwähnten kleinen Dreiecke a b b′, b c c′, c d d′ ..., deren Hypo=thenusen a b, b c, c d, ... die aufeinanderfolgenden Elemente der Schraubenlinie sind, in einer Ebene aneinandergesetzt denken, dann stellt die Linie a b c d ... Fig. 56b die auf der Ebene ausgebreitete Schrauben=linie dar.

Da die Schraubenlinie überall dasselbe Steigungsverhältniß hat, so werden, wenn man den Katheten a b′, b c′, c d′, ... ebenso wie auf dem Cylinder, eine horizontale, und den Katheten b b′, c c′, d d′, ... eine vertikale Lage giebt, die Hypothenusen a b, b c, c d, ... eine gerade Linie bilden. Zu demselben Resultat gelangt man auch, wenn man den Mantel des Cylinders nebst der darauf dargestellten Schraubenlinie auf einer Ebene ausbreitet oder abwickelt, wie schon Heft I angedeutet ist.

Die abgewickelte Schraubenlinie ist daher eine gerade Linie, deren Horizontalprojection gleich dem entsprechen=den Theil des Umfangs der Grundfläche des Cylinders ist und deren Vertikalprojection den entsprechenden Theil der Ganghöhe der Schraubenlinie darstellt.

Construirt man auf der nämlichen Cylinderfläche (Fig. 56) eine zweite Schraubenlinie, welche dieselbe Ganghöhe hat, so ist dieselbe mit der ersten parallel (äquidistant); denn je zwei, zwischen denselben Ordinaten liegenden Elemente sind parallel.

Diese äquidistanten Schraubenlinien kommen bei der Construction der Schrauben, der Treppenwangen bei Wendeltreppen u. s. w. in Anwendung.

§ 67.

Schraubenfläche. Denkt man sich von der Achse eines Cylinders nach einer, auf dessen Mantel dargestellten Schraubenlinie unendlich viele Gerade gezogen, welche sämmtlich mit der Achse einen gegebenen Winkel φ bilden, so kann man die zwischen denselben liegenden Flächen als die Elemente einer krummen Fläche ansehen, welche man eine Schrauben= fläche nennt.

Man kann sich dieselbe durch Bewegung einer Geraden erzeugt denken, welche auf der Schraubenlinie hingleitet und die Cylinderachse immer unter einem gegebenen Winkel φ schneidet; oder auch durch Bewegung eines rechtwinkligen Dreiecks, dessen eine Kathete sich auf der Cylinder= achse fortschiebt, während sich die Ebene des Dreiecks um diese Kathete dreht, so daß die geradlinigen Verschiebungen proportional den Drehungen sind; dann beschreibt jeder Punkt der Hypothenuse eine Schraubenlinie und die Hypothenuse selbst eine Schraubenfläche. Im letztern Fall braucht die Schraubenlinie nicht zum voraus gegeben zu sein, sondern sie entsteht zugleich mit der Schraubenfläche.

Da die Schraubenfläche durch Bewegung einer Geraden erzeugt wird, so gehört dieselbe nach § 64 zu den Regelflächen, bei welchen man an unendlich vielen Stellen ein Lineal (eine Regel) an= legen kann. Wenn man den unendlich schmalen Streifen einer solchen Fläche, welcher zwischen zwei aufeinanderfolgenden Lagen der erzeugenden Geraden liegt, ein Element der Fläche nennt, so können zwei Fälle stattfinden: entweder die sämmtlichen Elemente sind eben oder nicht. Der erstere Fall tritt ein, wenn je zwei benachbarte Erzeugende entweder parallel sind, wie bei den Cylinderflächen, oder sich in einem Punkte schneiden, wie bei den Kegelflächen; man nennt dann eine solche Fläche entwickelbar, weil sich alle Elemente derselben in ununterbrochener Folge auf einer Ebene aneinanderreihen lassen, so daß die ganze Fläche selbst ohne Riß und Falten auf einer Ebene ausgebreitet werden kann. Diejenigen Regelflächen, bei denen dies nicht möglich ist, werden wind= schiefe oder gewundene Flächen genannt; zu der letztern Classe gehört die oben definirte Schraubenfläche.

Dagegen giebt es eine andere Art von Schraubenflächen, welche man sich durch Tangenten erzeugt denkt, die zu den entwickelbaren Regelflächen gehört. Die eigentliche descriptive Geometrie, sowie die analytische Geometrie des Raumes behandelt ausführlich die Eigenschaften und die verschiedenen Arten der Regelflächen, sowie eine Reihe anderer krummer Flächen, wie die Rückungsflächen, Umhüllungsflächen u. s. w., welche in den vorliegenden Elementen der Projectionslehre unberührt bleiben müssen.

§ 68.

Wenn man bei der § 68 angegebenen Erzeugungsart der Schraubenfläche den ∟ φ, welchen die Erzeugende mit der Cylinderachse bildet = 90⁰ setzt, so daß beim geraden Cylinder die Erzeugende sich fortwährend parallel mit der Grundfläche bewegt, so entsteht eine Schraubenfläche, welcher man den Namen Wendelfläche giebt.

Die Wendelfläche findet sich an den Schrauben mit flachem Gewinde, während die Schraubenfläche mit einer gegen die Achse unter einem beliebigen Winkel φ geneigten Erzeugenden an der Schraube mit scharfem Gewinde vorkommt.

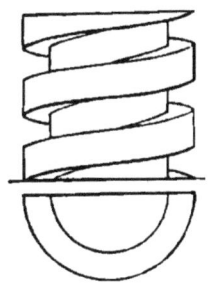

Fig. 57.

Die erstere kann man sich nach § 67 durch Bewegung eines Rechtecks um einen geraden Cylinder, den man die Spindel nennt, entstanden denken. Wenn nämlich die verlängerte Rechtecksebene fortwährend durch die Achse des Cylinders geht, während die eine Seite am Cylindermantel anliegt und sich zwischen zwei auf demselben construirten parallelen Schraubenlinien bewegt, so beschreiben die Eckpunkte der gegenüberliegenden Seite ebenfalls zwei auf einem größern, concentrischen Cylinder liegende parallele Schraubenlinien und durch die beiden andern Seiten des Rechtecks werden Wendelflächen erzeugt.

Man legt daher bei der Darstellung der Schraube Fig. 57 zwei concentrische Cylinder zu Grunde und erzeugt auf deren Oberflächen, in gleichen Abständen unter einander und von der Grundfläche, nach § 66,

Fig. 56 parallele Schraubenlinien, so bilden dieselben die Grenzen des flachen Gewindes, wozu noch der äußere Umriß der Cylinder, soweit derselbe sichtbar ist, hinzukommt.

Die auf den größeren Cylindern liegenden Schraubenlinien sind auf der vordern Seite vollständig und auf der hintern Seite soweit, bis ihre Projection die Projection der Spindel erreicht, sichtbar, während die auf der Spindel beschriebenen Schraubenlinien auf der vordern Seite nur theilweise, auf der hintern Seite gar nicht sichtbar sind, da sie durch die Spindel und die Schraubengänge verdeckt werden. Aus diesen Bemerkungen ergiebt sich die Projection der Schraube Fig. 57 von selbst.

§ 69.

Denkt man sich statt des Rechtecks ein gleichschenkliges Dreieck um die Spindel bewegt, so daß dessen Basis auf dem Mantel der Spindel zwischen zwei parallelen Schraubenlinien fortgleitet und die Ebene des Dreiecks immer durch die Achse des Cylinders geht, dann beschreiben die beiden Schenkel des Dreiecks schiefe Schraubenflächen und das ganze Dreieck erzeugt ein **scharfes Gewinde**, welches nebst der Spindel eine **scharf= kantige Schraube** bildet. Die Spitze des Dreiecks beschreibt eine auf einem größern concentrischen Cylinder liegende Schraubenlinie. Diese drei Schraubenlinien bilden die Grenzen des scharfen Gewindes; dieselben sind auf der vordern Seite vollständig, auf der hintern gar nicht sichtbar; dazu kommen noch als fehlende Grenzlinien die Schenkel des erzeugenden Dreiecks. Hiernach gestaltet sich die Construction dieser Schraube einfacher, als die der vorigen, weshalb wir deren Darstellung unterlassen.

Denkt man sich einen hohlen Cylinder, auf dessen innerm Mantel Vertiefungen eingeschnitten sind, in welche die Gewinde der Schraube genau einpassen, so entsteht die zur Schraube gehörige **Schrauben= mutter**. Die Durchmesser der Gänge und der Ganghöhen müssen bei beiden selbstverständlich gleich sein. Die Darstellung der Schraubenmutter welche als Durchschnitt erfolgen muß, wenn die Gänge sichtbar sein sollen, übergehen wir.

Wenn die Ganghöhe einer Schraube bedeutend ist, so denkt man sich innerhalb derselben zwei oder mehrere Dreiecke oder Rechtecke in der an=

gegebenen Weise bewegt und es entstehen dann zwei= oder dreigängige Schrauben oder überhaupt Schrauben mit mehrfachen Gewinden.

Darstellung von Treppen.

§ 70.

In ähnlicher Weise, wie bei den Schraubenlinien und Schrauben= flächen, entsprechen auch bei den Treppen gleichen Wegen α in horizontaler Richtung gleiche Wege β in vertikaler Richtung. Vergleichen wir die § 68 erwähnte Wendelfläche mit einer Wendeltreppe, so findet nur der Unter= schied statt, daß die Wendelfläche eine stetige krumme Fläche, die Wendel= treppe dagegen eine, aus horizontalen und vertikalen Ebenen zusammen= gesetzte, gebrochene Fläche ist; beide stimmen aber darin überein, daß, wenn man auf denselben in gleicher Entfernung von der Achse fortschreitet, das Steigungsverhältniß ein durchaus gleichbleibendes ist und gleichen horizontalen Wegen auch gleiche vertikale Wege entsprechen. Während wir uns die Wendelfläche durch Bewegung einer, auf einer Schrauben= linie hingleitenden und die vertikale Cylinderachse fortwährend schneidenden, Geraden erzeugt dachten, können wir uns die Stufen einer Wendeltreppe durch eine Gerade, welche auf einer aus horizontalen und vertikalen Linien zusammengesetzten gebrochenen Linie hingleitet, erzeugt denken.

Fig. 58.

Ist die Grundfläche des Treppenhauses kreisrund, so daß ein hohler Kreiscylinder entsteht, in dessen Umfassungsmauern die breiten Kopfenden der Stufen eingelassen werden, während ein innerer concentrischer Cylinder die schmalen Kopfenden der Stufen auf= nimmt, so entsteht eine kreisrunde Wendeltreppe mit **voller Spindel** oder mit **vollem Mönch**. Fig. 58 stellt im Aufriß einen durch die Achse ge= führten Vertikaldurchschnitt und im Grundriß den dazu gehörigen Horizontaldurchschnitt einer solchen Treppe dar.

Wenn statt einer massiven Spindel nur die schmalen Kopfenden der Stufen mit einander nach Art eines Schraubengewindes verbunden werden, welche Verbindung man Treppenwangen, — innere Wangen, — nennt, so entsteht an Stelle der Spindel ein hohler Raum, das sogenannte

Treppenlicht, und das Ganze heißt eine Wendeltreppe mit hohler Spindel.

Wenn die Stufen nur am einen Ende befestigt sind, im Uebrigen aber jede folgende Stufe nur auf die Breite der Stoßfläche auf der vorhergehenden aufliegt und die anderen Kopfenden ohne jede weitere Stütze sind, so wird die Treppe eine freitragende genannt.

§ 71.

Bei der Wendeltreppe, welche sich zunächst an die Darstellung der Schraube anschließt, ist die Breite der Stufen am äußersten Kopfende größer, als am innern, während bei der geraden Treppe die Stufen durchaus gleiche Breite haben.

Bei steinernen geraden Treppen kann man als Normalprofil das Rechteck ansehen; die Auflage der Stufen kann wie Fig. 59 oder Fig. 60 oder auch anders gestaltet sein; ebenso kann das Profil durch Einarbeitung von Gliedern mehr oder weniger bereichert werden. Dieses Profil dient dem Steinmetzen als Stirnschablone, wozu bei zusammengesetzteren Gliedern noch eine sogenannte Hohlschablone kommt, welche als Anhalt bei Bearbeitung der Stufen dient.

Fig. 59.

Fig. 60.

Bei hölzernen Treppen werden die Stufen selten aus vollem Holze (Blocktreppen) hergestellt, sondern meist aus Brettern und Pfosten (Tritt= und Setzstufen) zusammengesetzt.

Die Construction der Treppen im Ganzen und in den einzelnen Theilen kann je nach der zur Disposition stehenden Grundfläche und Höhe, je nach der Rücksicht, die man auf Helligkeit, Bequemlichkeit, Sicherheit und Schönheit zu nehmen hat und je nach dem Material, welches zur Verwendung vorliegt, sehr verschieden sein.

In Bezug auf die Form unterscheidet man 1) geradarmige, 2) Wendel= treppen und 3) gemischte Treppen. Die geradarmigen Treppen können wieder ein=, zwei=, drei= oder vierarmige sein; die zwischen den einzelnen Armen liegenden Ruheplätze oder Podeste tragen wesentlich zur Bequemlichkeit beim Ersteigen der Treppe bei. Die Wendeltreppen können kreisrunde, halbrunde, elliptische, verschlungene ꝛc. sein.

Es würde uns zu weit führen, alle die verschiedenen Treppenformen graphisch darzustellen; wir müssen uns vielmehr darauf beschränken, einige Beispiele auszuwählen, aus welchen sich das Verfahren bei anderen Constructionen leicht wird entnehmen lassen.

Am einfachsten gestaltet sich die Darstellung der **einarmigen Treppe**, welche in einer Richtung geradlinig von unten nach oben geht. Da die Stufen durchweg gleiche Breite und Höhe haben, so erscheinen dieselben im Grundriß und in der Frontansicht als Rechtecke. Um die Form der Stufen und die Art ihrer Versetzung darzustellen, zeichnet man am besten einen Durchschnitt, welcher die Längenkanten senkrecht schneidet.

Fig. 61.
Durchschnitt nach x y.

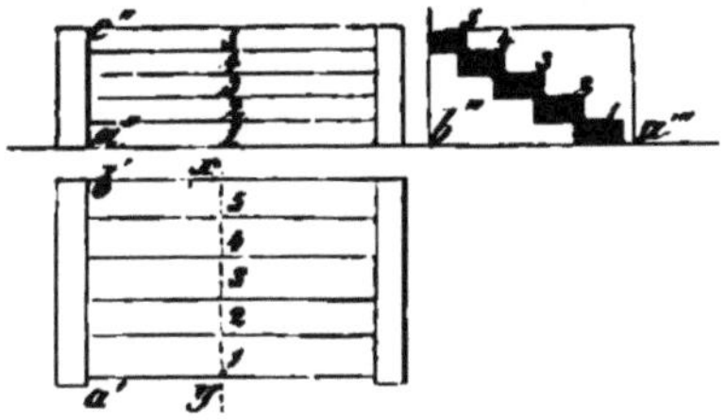

Fig. 61 stellt 5 Stufen einer geraden steinernen Treppe im Grundriß, Aufriß und Querschnitt dar; die Stufen liegen zwischen zwei parallelen Mauern, Wangen= oder Postamentmauern, in welche die Kopfenden eingearbeitet sind.

Statt massiver Mauern, welche bei inneren Treppen den Treppenraum zu sehr verfinstern und viel Material erfordern, führt man oft nur einzelne Pfeiler auf, zwischen welche man entweder Bogen zur Aufnahme der Kopfenden der Stufen wölbt, oder zwischen welche man in Richtung der Steigungslinie der Treppe einen starken und festen Stein, ein sogenanntes Zargen= oder Wangenstück, einspannt, in welches die Stufenenden eingezargt werden.

Der letztere Fall ist Fig. 62 dargestellt; der Grundriß zeigt die beiden Pfeiler und die Kanten des zwischen denselben liegenden Wangenstücks; auf der gegenüber liegenden Seite kann man sich eine massive Mauer denken; der Aufriß enthält einen Durchschnitt nach **A B** im Grundriß; das dargestellte Geländer ruht auf dem Wangenstück auf.

Fig. 63 stellt eine dreiarmige steinerne Treppe mit 2 Podesten dar, bei welcher die Kopfenden der Stufen, welche in Richtung der Linie AB durchschnitten sind, einerseits von den Umfassungsmauern des Treppenraumes, andererseits von steigenden Bogen, welche zwischen Pfeiler eingewölbt sind, aufgenommen werden.

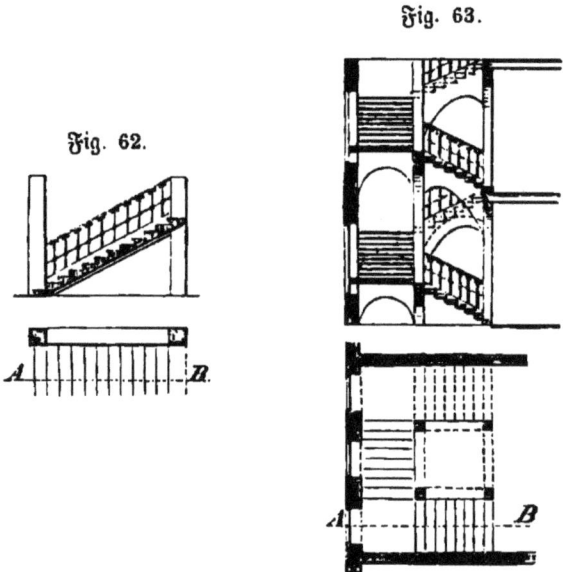

Fig. 62.

Fig. 63.

Bei freitragenden Treppen fehlt die Stütze an einem Kopfende der Stufen ganz; daher muß das andere Kopfende tiefer in eine Mauer eingemauert werden und der zu den Stufen zu verwendende Stein muß die entsprechende Festigkeit haben. Ueber die deshalb vorauszuschickende statische Untersuchung wird in der speciellen Baukunde das Nöthige gelehrt.

§ 72.

Wenn eine Treppe aus gewendelten Stufen besteht oder wenn wenigstens einige Krümmlinge vorkommen, so erhalten die Wangen die Form eines Schraubengewindes. Derartige Wangen müssen sowohl bei steinernen als hölzernen Treppen aus einzelnen Stücken zusammengesetzt werden und es kommt darauf an, dieselben so zu bearbeiten, daß sie gehörig aneinanderpassen und ein, der projectirten Gestalt der Treppe entsprechendes Ganze bilden. Zu diesem Zweck müssen bei deren Bearbeitung Schablonen zu Grunde gelegt werden, welche aus dem Grund- und Aufriß so abzuleiten sind, daß das, was in denselben verkürzt oder in anderer Gestalt erscheint, auf der Schablone in der wahren Größe ausgetragen wird.

Wenn z. B. Fig. 64 I. und II. einen Theil einer runden Treppenwange darstellt, so erscheinen die Bogenstücke a b, b c, c d, . . . im Grundriß verkürzt; denn die Horizontalprojection a b ist nach § 66, Fig. 56 die Kathete eines rechtwinkligen Dreiecks, dessen andere Kathete die der Horizontallänge a b entsprechende Steigung und dessen Hypothenuse die wahre Länge der Linie im Raume ist.

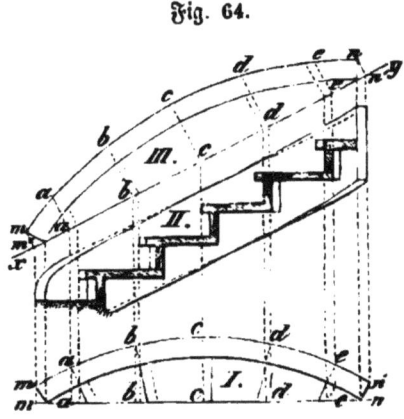

Fig. 64.

Damit man aber die Gestalt der Curve im Raume erhält, schlägt man folgendes Verfahren ein. Nachdem aus dem Grundriß I. und dem gegebenen Steigungsverhältniß der Aufriß II. des Wangenstücks, mit Andeutung der dazu gehörigen Stufen, (nach § 66) construirt worden ist, denke man sich die obere Fläche, deren Grenzen die innere und äußere Schraubenlinie sind, auf die Ebene des Aufrisses herabgeschlagen. Zu diesem Zwecke ziehe man in Fig. III. eine in Richtung der Steigung liegende Linie x y, welche von den aus I. auf die Achse gefällten Lothen in m, a, b, c, d geschnitten wird, errichte in diesen Punkten auf x y Senkrechte, mache deren Längen m m, a a, b b, c c, . . . der Reihe nach gleich den mit denselben Buchstaben bezeichneten und im Grundriß I auf die Gerade m n gefällten Senkrechten, so ergiebt sich die äußere Schraubenlinie m a b c . . .; auf gleiche Weise erhält man auch die innere.

Die so erhaltene Darstellung Fig. 64, III. ist nichts anderes, als die Projection der oberen Begrenzungscurven des Wangenstücks auf eine in Richtung der Steigungslinie geführte und senkrecht auf dem Aufriß stehende Ebene; diese Curven sind in ähnlicher Weise, wie es bei den ebenen Schnitten der Körper geschehen ist, vermittelst des Grund= und Aufrisses ausgetragen worden. Ebenso ist mit den unteren Begrenzungs= curven zu verfahren. Wird diese Figur auf ein dünnes Bret oder auf Pappe übertragen und ausgeschnitten, so erhält man die Schablone zur Bearbeitung der Wangenstücke, welche auf die obere und untere Fläche des rohen Steines oder Holzes überzutragen sind. Damit ist zugleich die Länge und Breite des rohen Materials bedingt, während die Höhe sich aus dem zugehörigen Aufriß, den man durch ein Parallelogramm einfaßt, ergiebt.

Bei der Verbindung der Wangenstücke wird verschieden verfahren, je nachdem die Treppe eine steinerne oder hölzerne und je nachdem die= selbe in Bezug auf Form eine durchaus gewendelte oder eine gemischte Treppe ist.

Die speciellen Angaben hierüber, sowie die Rücksichten, welche in Bezug auf Festigkeit des Ganzen und der einzelnen Theile zu nehmen sind, müssen den Vorträgen über specielle Baukunde überlassen bleiben.

§ 73.

Fig. 65 stellt eine kleine hölzerne Wendeltreppe ohne Wangen dar. Da die Treppe frei steht, so erhalten die Stufen vorn und auf beiden Seiten Glieder. Das Geländer auf der innern Seite hat auf jeder Stufe je eine Sprosse, auf der äußern Seite je zwei Sprossen, welche mit den Stufen durch unterhalb liegende Schrauben verbunden sind. Die Stufen sind durch eiserne Schienen, welche in Vertiefungen ein= gelassen sind, untereinander fest verbunden, und durch Bolzen verschraubt. Bei der gleichförmigen Krümmung der Treppe erhalten alle Stufen gleiche Gestalt, daher die Schablonen einer Stufe für alle übrigen anwendbar sind; für die obere, die untere und die Seitenansicht müssen besondere Schablonen angefertigt werden, welche die Vertiefungen für die Schienen und die Art der Verschraubung u. s. w. enthalten.

§ 74.

Bei der Anlage der inneren Treppen muß die Höhe des Stockwerks von der Oberfläche des einen Fußbodens bis zur Oberfläche des darüber liegenden genau bestimmt sein. Ist nun außerdem der wagerechte Raum, auf welchem die Treppe steht, sowie die Größe der Oeffnung gegeben, durch welche sie gehen soll, so richtet sich nach diesen Umständen die Anzahl der Stufen, sowie deren Breite und Höhe.

Fig. 65.

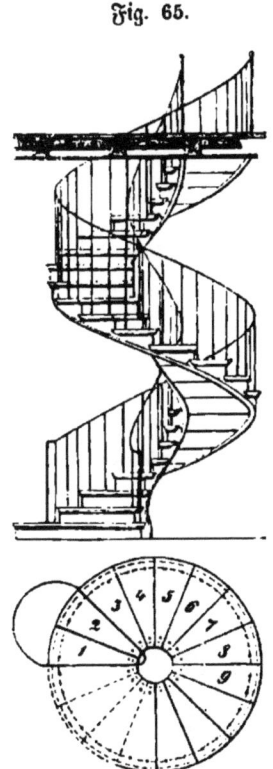

Das Verhältniß der Breite zur Höhe darf nicht willkürlich angenommen werden, sondern es muß dasselbe so gewählt werden, daß man mit je einem Schritt und ohne zu große Anstrengung von einer Stufe zur andern gelangen kann. Ist b die Breite der Stufen oder deren Auftritt und h die Höhe oder die Steigung derselben, so bildet die Länge eines jeden, bei Ersteigung einer Treppe zu machenden Schrittes l die Hypothenuse eines rechtwinkligen Dreiecks, dessen Katheten b und h sind, so daß $l = \sqrt{b^2 + h^2}$ ist. Da nun die vertikale Bewegung aufwärts einen weit größern Kraftaufwand erfordert, als wenn wir auf einer horizontalen Ebene um dieselbe Weglänge vorwärts gehen, so müssen b und h so gewählt werden, daß $\sqrt{b^2 + h^2}$ kleiner als l ist. Die Praktiker wenden häufig die empirische Formel $b + 2h = l$ an, welche unter gewöhnlichen Umständen passende Mittelwerthe giebt. Setzt man $l = 26$ Leipziger Zoll, so wird für $h = 5$, $b = 16$ oder für $h = 6$, $b = 14$ oder für $h = 7$, $b = 12$; für $h = 7\frac{1}{2}$, $b = 11$ Zoll. Auf manchen Werkplätzen legt man die Formel $b + h = \frac{3}{4} l$ zu Grunde.

Bei gewendelten Treppen kann es für den Anfänger zweifelhaft sein, welches Maß er auf dem trapezförmigen Auftritt als Breite der Stufen zu nehmen hat. In dieser Beziehung ist es gebräuchlich, auf der mittlern Theillinie die Stufenbreite aufzutragen; manche nehmen die Theillinie in zwei Drittel der Breite, von innen gemessen, an.

Wenn bei einer geraden Treppe die Richtungsänderung durch Wendelstufen vermittelt wird, so richtet sich die Theillinie nicht nach der längsten, die Ecke g treffenden Stufe e g Fig. 66, sondern entweder nach den letzten Stufen des geraden Armes oder nach der kürzesten gewendelten Stufe a d, so daß, wenn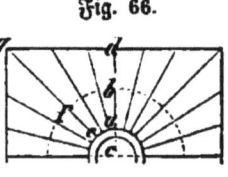

Fig. 66.

man als Theillinie die mittlere nimmt, a b = b d zu machen ist; dann ist die mittlere Theillinie der von c aus mit dem Radius cb beschriebene Kreisbogen.

§ 75.

Sowohl um einige der bisherigen Details im Zusammenhange darzustellen, als auch um den Schülern, welche mit dem selbständigen Ent-

Fig. 67.

werfen beginnen, die zu einem Bauriß erforderlichen Zeichnungen in einem Beispiele vorzuführen, fügen wir die Grundrisse Fig. 68, die Façade

Fig. 67 und einen Querschnitt in Richtung der gebrochenen Linien A B Fig. 69 zu einem zweistöckigen Gebäude, hier an. Gewöhnlich kommen zu einem vollständigen Bauriß mindestens noch eine Seitenansicht und ein Längendurchschnitt und außerdem die nöthigen Detailzeichnungen der-

Fig. 68.

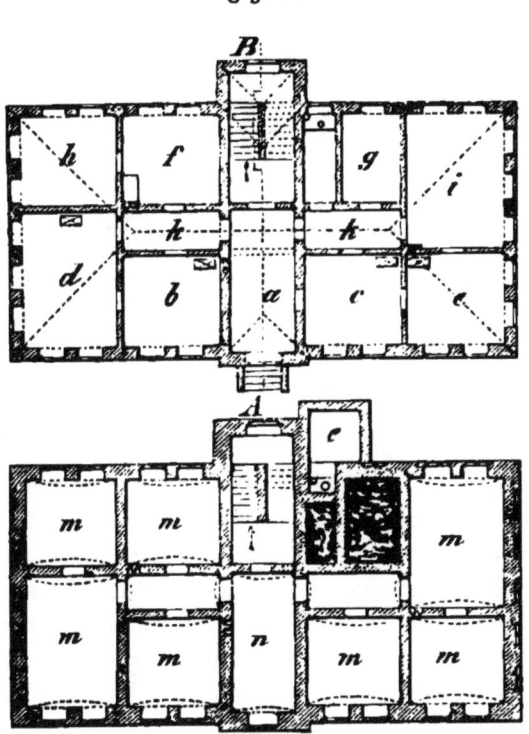

jenigen Theile, für welche behufs der Ausführung eine Darstellung im vergrößerten Maßstabe erforderlich ist.

Im Grundriß wird in jedem Raum die Bestimmung desselben eingeschrieben, z. B. Wohnstube, Schlafstube, Küche, Holzraum ꝛc., oder man schreibt in jedem Raum einen Buchstaben, wie Fig. 68, auf welchen man in einer der Zeichnung beizugebenden Beschreibung Bezug nimmt.

Daß jedem Blatt der Maßstab beizugeben ist, bedarf wohl kaum der Erwähnung.

Fig. 69.
Durchschnitt nach A B.

Axonometrische Parallelprojection.

§ 76.

Bei der gemeinen rechtwinkligen Projection ist der vornehmste Zweck, alle Theile des gezeichneten Gegenstandes meßbar darzustellen. Damit die Abmessungen möglichst leicht und ohne häufige Reductionen oder Um= klappungen erfolgen können, legt man die Projectionsebenen parallel denjenigen Dimensionen, welche am darzustellenden Gegenstande die vor= herrschenden sind. In Bezug auf Bauzeichnungen wird sich hiernach die Lage der Projectionsebenen in der Regel von selbst ergeben, da in den meisten Fällen das Parallelepipedum als Form des Ganzen und der meisten einzelnen Theile vorliegt; auch ist es bei Bauzeichnungen in den gewöhnlichen Fällen nicht schwierig, aus den verschiedenen Ansichten die zusammengehörigen Theile zusammenzusuchen, um Dimensionen, welche die eine Ansicht nicht enthält, aus einer andern entnehmen zu können.

Bei sehr zusammengesetzten Gegenständen ist aber ein sehr geübter Blick erforderlich, um sich aus zwei oder mehreren Ansichten ein Ganzes zusammenzusetzen und es ist oft mühsam, die zusammen gehörigen Theile und wie dieselben verbunden sind oder ineinander greifen, aus den einzelnen Ansichten zusammenzusuchen. Wenn es sich in solchen Fällen zunächst nur um eine Beschreibung oder Erklärung des Gegenstandes handelt, giebt man oft einer perspectivischen Zeichnung den Vorzug vor einer geometrischen Zeichnung.

Es giebt aber auch noch eine besondere Methode der rechtwinkligen Parallelprojection, welche die Vorzüge der gemeinen rechtwinkligen und die der Centralprojection oder Perspective zu vereinigen sucht. Indem dieselbe darauf verzichtet, die Hauptdimensionen in der wahren Größe darzustellen, sucht dieselbe durch eine schickliche Wahl der Projectionsebene alle drei Dimensionen in einer einzigen Projection hervortreten zu lassen, um so ein übersichtliches Bild des Ganzen und der einzelnen Theile zu erlangen, macht es aber zugleich möglich, die Hauptdimensionen ebenfalls abmessen zu können. Diese Abmessung geschieht auf drei schief geneigten Achsen, welche als die Projectionen von drei rechtwinkligen Achsen im Raume angesehen werden; daher nennt man diese Methode die axonometrische Projection.

§ 77.

Um vorerst dem Anfänger von der axonometrischen Projectionsmethode eine Vorstellung zu geben, gehe man von der Methode der Perspective aus und denke sich das Auge unendlich weit von dem Gegenstande und der Tafel entfernt; dann kann man ebenso, wie dies § 5, II von den Sonnenstrahlen dargelegt worden ist, auch die Sehlinien als unter sich parallel ansehen. Ist dies der Fall, dann können die parallelen Sehlinien als die projicirenden Linien einer Parallelprojection angesehen werden und die Centralprojection geht daher in eine Parallelprojection über.

Je nachdem bei derselben die projicirenden Linien senkrecht auf der Projectionsebene stehen oder nicht, erhält man eine rechtwinklige oder schiefwinklige Parallelprojection. Die Methode der letztern nennt man Cavalierperspective, während die der erstern, dafern man die Lage eines jeden Punktes auf drei Achsen bezieht, die axonometrische Projectionsmethode genannt wird. Wir wollen zunächst bei der letztern, als der wichtigern und häufiger angewendeten, stehen bleiben.

Was zuerst die Auffassung einer axonometrischen Zeichnung als einer perspectivischen Darstellung anlangt, so wird zwar ein axonometrisches Bild nicht genau den Eindruck auf das Auge machen, wie der dargestellte Gegenstand selbst, da der Gesichtspunkt in unendliche Ferne gerückt ist und wir nicht gewöhnt sind, Gegenstände aus unendlicher Entfernung zu betrachten. Man kann aber durch eine geschickte Wahl der Bildebene zu einer Darstellung gelangen, welche nahezu den Eindruck einer perspectivischen macht. Dagegen gewährt eine, nach der axonometrischen Methode ausgeführte Zeichnung auf der andern Seite den Vortheil, daß man die Dimensionen der dargestellten Gegenstände leicht aus derselben entnehmen kann.

Hiernach ist die an die Axonometrie zu stellende Forderung eine doppelte: 1) den Gegenstand so darzustellen, daß das axonometrische Bild möglichst den Eindruck einer guten perspectivischen Darstellung macht und 2) daß sich die Dimensionen des dargestellten Gegenstandes aus demselben ergeben.

In Bezug auf den ersten Punkt ist an das, was in der Perspectivlehre § 22 u. ff. über die Wahl des Standpunktes gesagt ist, zu erinnern; nur hat man sich jetzt die Lage des Beobachtungsortes auf einer der projicirenden Linien, aber in unendlicher Entfernung, zu denken. Während wir in der Perspectivlehre die gegenseitige Lage des Standpunktes, der Tafel und des Gegenstandes zu berücksichtigen hatten, braucht man in der Axonometrie nur die Lage des Gegenstandes gegen die Projectionsebene ins Auge zu fassen.

Dabei ist es zweckmäßig, wenn man zuerst von der gemeinen rechtwinkligen Projection ausgeht, wobei man die Projectionsebenen so legt, daß dieselben parallel mit den Hauptdimensionen des Gegenstandes liegen. Während wir nun § 46 und ff. Heft I ebenfalls von einer solchen Lage ausgingen und später durch Drehung des Gegenstandes um horizontale und vertikale Achsen zu einer beliebigen und schrägen Lage desselben gegen die Projectionsebenen gelangten, wird auch in der Axonometrie der Aus=

gangspunkt derselbe sein; dagegen werden wir nicht den Gegenstand, sondern die Projectionsebenen uns gedreht denken, bis wir auf einer derselben zu einem übersichtlichen Bild des dargestellten Gegenstandes gelangen. Dabei wird aber im einzelnen Falle diese Drehung der Projectionsebenen nicht wirklich vollführt, wie es bei der gemeinen rechtwinkligen Projection mit den Körpern geschehen ist, sondern der Ort eines jeden Punktes in der neuen Lage der Projectionsebene wird durch Coordinaten bestimmt, welche aus der frühern Projection entnommen und, nach Reduction der Längen und der Achsenwinkel, auf die axonometrische Zeichnung übertragen werden.

Zum leichtern Verständniß schicken wir noch Folgendes voraus.

§ 78.

Wir wollen die bisherigen Projectionsebenen: Grundriß, Aufriß und Seitenansicht die Coordinatenebenen und die drei geraden Linien, in welchen sich dieselben rechtwinklig schneiden, die Coordinatenaxen nennen. Der Punkt o, in welchem sich sowohl die ersteren, als die letzteren schneiden, heißt der Ursprung oder der Anfangspunkt der Coordinaten und das Ganze wird ein Coordinatensystem genannt. Die Achsen o x, o y, o z nennt man oft kurz die x, y oder z Achse und die Coordinatenebenen die x y, x z, y z Ebene.

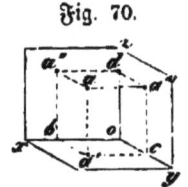

Fig. 70.

Wenn man nun durch einen Punkt a im Raume Fig. 70 drei Ebenen legt, welche mit je einer der Coordinatenebenen parallel sind und also auf den beiden anderen senkrecht stehen, so bilden die drei neuen Ebenen mit den Coordinatenebenen ein rechtwinkliges Parallelepipedum, in welchem der Punkt a, dessen Lage festgestellt werden soll, die dem Anfangspunkt der Coordinaten gegenüberliegende Ecke ist; die drei auf den Axen liegenden Kanten o b, o c, o d, durch welche die Lage des Punktes a in Bezug auf das angenommene Coordinatensystem vollständig bestimmt ist, werden die Coordinaten des Punktes a genannt und gewöhnlich kurz mit x, y und z bezeichnet. Dieselben sind gleich den Entfernungen des Punktes a von den Coordinatenebenen; o d = a a'; o b = a a'''; o c = a a''. Die in den

Coordinatenebenen liegenden, auf den Achsen senkrechten Kanten sind gleich den ihnen parallelen Coordinaten; $a''b = a'''c = od$; $a'b = a'''d = oc$; $a'c = a''d = ob$.

Da in dem erwähnten Parallelepiped die Größe einer jeden Coordinate viermal vorkommt, so kann man mit Hilfe derselben auf verschiedene Weise zum Punkte a im Raume gelangen. Die gewöhnlichste Art ist, daß man zuerst auf den horizontalen Axen ox und oy die Coordinate $ob = x$ und $oc = y$ aufträgt und in der horizontalen Ebene xy das Parallelogramm $a'boc$ vollendet; dann ist a' die Horizontalprojection oder der Grundriß des Punktes a; errichtet man in a' auf xy eine Senkrechte oder, was auf dasselbe hinausläuft, legt man durch a' eine Parallele mit der dritten Axe oz und trägt auf derselben die dritte Coordinate $aa' = z$ auf, so ergiebt sich der Punkt a im Raume.

§ 80.

Denkt man sich nun durch den Coordinatenanfang o eine Linie os gezogen, auf welcher sich in unendlicher Entfernung das Auge des Beobachters befinden soll und welche man deshalb die **Beobachtungslinie** nennen kann und denkt man sich ferner durch o eine Ebene gelegt, welche senkrecht auf os steht und welche die **axonometrische Projectionsebene** darstellen mag, so ergiebt sich die axonometrische Projection α des Punktes a, wenn man von a auf die axonometrische Projectionsebene ein Loth aα fällt. Wenn man gleichzeitig die Axen ox, oy, oz und das mit denselben in Fig. 70 verbundene Parallelepiped auf die axonometrische Projectionsebene projicirt, so daß $o'x$, $o'y$, $o'z$ Fig. 71 die rechtwinkligen Projectionen von ox, oy, oz Fig. 70 und $α'$, $α''$, $α'''$, $β$, $γ$, $δ$, Fig. 71 die rechtwinkligen Projectionen von a', a'', a''', b, c, d, Fig. 70 darstellen so ergeben sich folgende Bemerkungen.

Da parallele und gleiche Linien im Raume auch parallele und gleiche Projectionen geben, so giebt das Parallelepiped Fig. 70 axonometrisch auf Fig. 71 projicirt, ebenfalls drei Systeme von je vier parallelen und gleichen Linien, nur mit dem Unterschiede, daß diese drei Systeme in Fig. 70 in verschiedenen Ebenen, in Fig. 71 in einer Ebene, der axonometrischen Projectionsebene, liegen; ferner schneiden sich in Fig. 70 die Kanten des

Parallelepipeds paarweise rechtwinklig, während deren Projectionen in Fig. 71 sich im Allgemeinen schiefwinklig schneiden; endlich sind alle Längen in Fig. 71 kleiner, als die entsprechenden Längen in Fig. 70, da die orthogonale Projection einer Geraden kleiner ist, als die entsprechende Gerade im Raume, dafern beide nicht parallel sind.

Wenn man nun in Fig. 71 die drei Winkel kennt, welche die axonometrischen Axen o'x', o'y', o'z' gegenseitig einschließen und wenn man ferner weiß, in welchem Verhältniß sich jede der Coordinaten verkürzt, so läßt sich aus der rechtwinkligen Projection Fig. 70 die axonometrische Projection Fig. 71 ableiten. Man darf nur, nachdem die drei Axen der Richtung nach aufgetragen sind, die verkürzten Coordinaten O'β und O'γ auf O'x' und O'y' auftragen, das Parallelogramm α'βγO' vollenden, so ist α' der axonometrische Grundriß und wenn man durch α' eine Parallele mit der dritten Achse O'Z' legt und auf derselben die dritte verkürzte Coordinate = αα' abschneidet, so ist α die axonometrische Projection des Punktes a.

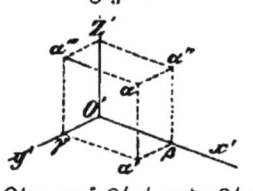

Fig. 71.

§ 81.

Wenn man die rechtwinkligen Coordinaten eines Punktes a im Raume mit x, y und z und die axonometrischen Coordinaten desselben Punktes mit x', y' und z' bezeichnet, so nennt man die Verhältnisse, in welchen die letzteren zu den ersteren stehen, die Reductionscoefficienten. Wenn man verlangt, daß die drei Reductionscoefficienten in bestimmtem Verhältniß m : n : p zu einander stehen, so daß die Proportion

$$\frac{x}{x'} : \frac{y}{y'} : \frac{z}{z'} = m : n : p$$

stattfindet, dann müssen die Winkel, welche die Coordinaten x, y und z mit ihren Projectionen x', y' und z' bilden, eine bestimmte Größe haben; denn dieselben liegen in drei rechtwinkligen Dreiecken, in welchen die Hypothenusen x, y und z und die Katheten x', y' und z' die fraglichen Winkel einschließen. Eine bestimmte Größe dieser Winkel, von welchen sich übrigens aus zweien derselben der dritte durch Rechnung ergibt, läßt sich erzielen durch eine bestimmte Lage der Beobachtungslinie oder der axono=

metrischen Bildebene gegen die Coordinatenebenen und aus dieser ergeben sich wieder die Winkel y'o'x', x'o'z' und x'o'y', welche die Axen der axonometrischen Zeichnung mit einander bilden. Die mathematische Ableitung dieser gegenseitigen Abhängigkeit können wir des beschränkten Raumes wegen hier nicht durchführen und verweisen in dieser Beziehung auf mehrere von Weisbach, dem Begründer der Axonometrie, u. A. im „Civilingenieur Bd. 2 und 3 Neue Folge", niedergelegte Abhandlungen.*)

Die Zahlen m, n und p wählt man in der Praxis so, daß sich das Verhältniß m : n : p in ganzen Zahlen ausdrücken läßt und nennt diese Zahlen die Verhältnißzahlen, während die Brüche $\frac{x}{x'}$, $\frac{y}{y'}$, $\frac{z}{z'}$ wie schon bemerkt, die Reductionscoefficienten genannt werden.

Je nachdem alle drei Verhältnißzahlen gleich oder nur zwei derselben gleich oder alle drei verschieden sind, nennt man die Projection eine iso=metrische, eine monodimetrische oder eine anisometrische. Bei der zweiten und dritten könnte man je nach der Wahl der Zahlen m, n und p zu unendlich vielen Projectionsweisen gelangen. Man beschränkt sich aber in der Praxis nur auf wenige und zwar auf diejenigen Fälle, welche bei möglichster Einfachheit der Verhältnisse m : n : p Bilder geben, welche der gewöhnlichen Anschauung möglichst entsprechend sind. Die vorzüglichsten axonometrischen Projectionsarten sind in folgender Tabelle enthalten.

Projectionsweise.	Verhältnißzahlen.			Reductionscoefficienten.			Axenwinkel.		
	m	n	p	ν	μ	π	ψ	φ	χ
Isometrisch.	1	1	1	0.816	0.816	0.816	120°	120°	120
Monodimetr.	1	2	2	0.471	0.943	0.943	97°.18	131°.41	131°.41
	1	3	3	0.324	0.973	0.973	93°.18	133°.41	133°.41
	1	4	3	0.246	0.985	0.985	91°.79	134°.10	134°.10
Anisometrisch.	5	9	10	0.493	0.887	0.985	95°.18	107°.62	157°.00
	6	17	18	0.333	0.944	0.999	90°.79	96°.39	172°.82
	8	31	32	0.250	0.968	0.9998	90°.32	94°.91	174°.76
	10	49	50	0.200	0.980	0.9999	90°.16	93°.97	175°.86

*) Weisbach, Theorie und Praxis der axonometrischen Projectionsmethode. Civiling. Jahrg. 1856 und 57. Schlömilch, Ueber die axonometrische Projection. Civiling. Jahrg. 1856. Junge, Elementare Begründung der Axonometrie. Civilingenieur. Jahrg 1857. Hoffmann, Die Elemente der Projectionslehre ꝛc. Programm des Gymn. und der Realschule zu Plauen. 1864.

§ 82.

Bei axonometrischen Darstellungen kann man entweder eine geometrische Darstellung zu Grunde legen, aus welcher man die Coordinaten x, y und z der darzustellenden Punkte entnimmt oder, wenn ein bereits ausgeführter Gegenstand axonometrisch aufgenommen werden soll, kann man, wie bei gewöhnlichen Aufnahmen, denselben auf eine Horizontalebene x o y und eine oder zwei Vertikalebenen x o z und y o z beziehen, so daß die Axe oz vertikal und die Axen ox und oy horizontal angenommen werden.

Die so auf die eine oder die andere Weise erhaltenen geometrischen Coordinaten werden nun, nachdem man die Projectionsart gewählt, d. h. die Verhältnißzahlen der Axen angenommen hat, nach Maßgabe der in vorstehender Tabelle enthaltenen Reductionscoefficienten verkürzt. Statt diese Verkürzung durch Rechnung zu bewirken, ist es zweckmäßiger, sich Maßstäbe anzufertigen, und zwar braucht man außer einem geometrischen Maßstab, welchem die Längeneinheit, z. B. 1 Fuß zu Grunde liegt, bei isometrischen Darstellungen noch einen Maßstab, auf welchem die Einheit gleich 0.816 der geometrischen, bei monodimetrischen noch zwei Maßstäbe, auf welchen die Längeneinheit gleich 0.471 und 0.942 der geometrischen zu nehmen ist, wenn z. B. $n : m : p = 1 : 2 : 2$ ist; bei anisometrischen sind drei Maßstäbe anzufertigen, auf welchen, je nach der Wahl des Axenverhältnisses, die reducirten Längeneinzelheiten aus obiger Tabelle zu entnehmen sind. **Statt der Maßstäbe kann man sich auch des Proportionalzirkels bedienen.**

Die so reducirten Längen der Coordinaten sind nun auf die entsprechenden Axen aufzutragen, worauf sich der gesuchte Punkt nach der Schlußbemerkung zu § 80 ergiebt.

Beim Auftragen der Axen selbst nimmt man eine derselben willkürlich an und trägt die § 81 bemerkten Axenmittel an dieselbe an. Gewöhnlich nimmt man die Axe OZ in aufrechter Lage an, trägt OY unter dem Winkel $ZOX = \varphi$ links und OX unter dem Winkel $ZOX = \psi$ rechts an die senkrechte Axe OZ an. Dabei ist es zweckmäßig, sich für jede Projectionsart ein hölzernes Dreieck anzufertigen, dessen Winkel gleich den Ergänzungswinkeln der Axenwinkel zu 180°, dessen Außenwinkel also den Axenwinkeln selbst gleich sind.

§ 83.

Am einfachsten ist nach dem Gesagten das Verfahren bei der isometrischen Projectionsart. Bei derselben kann man die Axen als die rechtwinkligen Projectionen der in einem Punkte O zusammenstoßenden drei Kanten eines Würfels ansehen, dessen Diagonale O O' senkrecht auf der Bildebene steht. Fig. 72 ist die Projection dieses Würfels dargestellt; die drei in O' zusammenstoßenden Seitenflächen sind die Projectionen der drei ursprünglichen Coordinatenebenen.

Fig. 72.

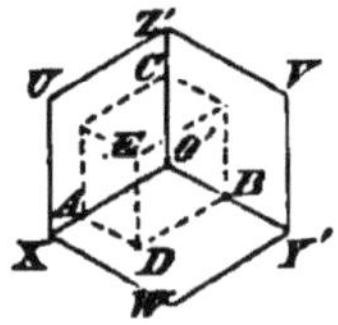

Sind O'A, O'B und O'C die Längen der reducirten Coordinaten eines Punktes, so ergiebt sich nach § 80 leicht dessen isometrischer Grundriß D und dessen isometrische Projection E.

Fig. 73 ist ein Kreuz zuerst geometrisch durch Grund- und Aufriß dargestellt: die horizontale Projectionsaxe ist als die x-Axe, ein beliebiger Punkt O derselben als Anfangspunkt der Coordinaten und die auf ox Senkrechten oy und oz sind als die beiden anderen Axen angenommen. Die horizontalen Coordinaten x und y entnimmt man nun aus dem Grundriß und die vertikalen z aus dem Aufriß. Um aus der geometrischen Zeichnung Fig. 73 die isometrische Zeichnung Fig 73b abzuleiten, construire man zuerst das Axenkreuz O'X', O'Y',

Fig. 73.   Fig. 73b

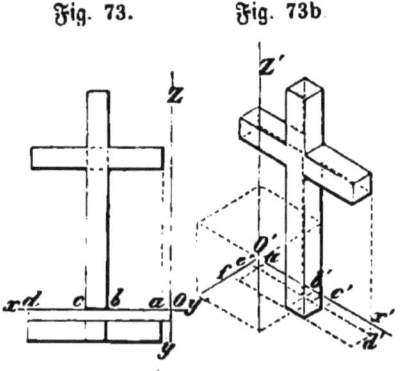

O'Z', welches man am besten dadurch erhält, daß man in einen Kreis ein regelmäßiges Sechseck beschreibt; dann liegen auf den durch dessen Mittelpunkt O' gehenden Diagonalen die isometrischen Axen und deren Verlängerungen. Wenn man nun jede, aus der geometrischen Zeichnung entnommene Coordinate nach § 81 verkürzt, so daß z. B. x = 0.816 x' wird, wozu man sich eines gleichschenkligen Dreiecks, dessen

Seiten zur Basis sich wie 1000 : 816 verhalten, bedienen kann, so ergiebt sich, wie § 80 angegeben, die isometrische Projection.

In vielen Fällen ist es nicht nöthig, beim Entwerfen der isometrischen eine geometrische Zeichnung zu Grunde zu legen. So geben z. B., wie zu Fig. 72 schon bemerkt worden, die Axen selbst, zu Parallelogrammen ergänzt, die isometrische Zeichnung eines Würfels, dessen eine Diagonale senkrecht auf der Bildebene steht. Sollen auf den drei sichtbaren Flächen dieses Würfels (Fig. 74) Kreise dargestellt werden, welche in die Quadrate eingeschrieben sind, so trage man einen Halbkreis an eine der isometrischen Quadratseiten, z. B. u x geometrisch an, und fälle von den Punkten 2, 1, 2, Ordinaten auf x u, so sind diese gleich den isometrischen Ordinaten, vom isometrischen Durchmesser a b angerechnet, gegen welchen dieselben um den Axenwinkel = 120° geneigt sind. Denn an sich verhalten sich zwar die geometrischen und isometrischen Ordinaten wie 1 : 0.816. Da aber der Durchmesser des geometrisch dargestellten Kreises gleich dem Durchmesser des isometrisch dargestellten gemacht ist, so sind die geometrischen Ordinaten und Abscissen in der Hilfsfigur bereits im Verhältniß 1 : 0.816 verkürzt, d. h. dieselben sind gleich den isometrischen.

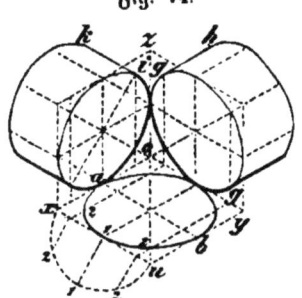

Fig. 74.

Auf gleiche Weise ergeben sich die in der x z Ebene (dem isometrischen Aufriß) und die in der x y Ebene (der isometrischen Seitenansicht) liegenden Kreise. Soll auf jedem dieser Kreise ein gerader Cylinder construirt werden, so ist die Axe und die Seite i k des auf der x z Ebene stehenden Cylinders parallel mit der y Axe und die Seite g h des auf der y z Ebene stehenden parallel der x Axe.

§ 84.

Unter den drei axonometrischen Projectionsarten ist zwar die isometrische die einfachste und die anisometrische die complicirteste. Wenn es sich aber um Darstellung eines gefälligen, anschaulichen Bildes handelt, wird man dennoch der anisometrischen oder doch der monobimetrischen Darstellungsweise den Vorzug vor der isometrischen geben, weil bei der letztern die Höhen eine dem Auge ungewohnte Verkürzung erleiden, die Breiten dagegen eine zu große Ausdehnung behalten, was man bei den anderen Projectionsarten vermeiden kann.

Diese Andeutungen werden genügen, um dem Anfänger einen Begriff und einen Einblick in die axonometrische Projectionsmethode zu verschaffen. Eine weitere Ausführung derselben gestattet die uns gesteckte Grenze dieses Leitfadens nicht und müssen wir den, weitere Belehrung suchenden Leser auf ausführlichere Schriften über diesen Gegenstand verweisen.

Die schiefwinklige Parallelprojection.

§ 85.

Sowie die axonometrische, ebenso hat die schiefwinklige Parallel=projection, welche bereits im zweiten Heft bei Construction der Schlag=schatten Anwendung gefunden hat, den Zweck, die drei Hauptdimensionen eines Körpers auf einer einzigen Bildebene zur Darstellung zu bringen, und zwar so, daß die numerischen Werthe derselben sich aus der Zeichnung ergeben. In der Methode weicht sie aber von der axonometrischen Pro=jectionsart darin ab, daß sie Körper und Zeichnenebene in der gewöhn=lichen, einfachen Stellung läßt und dafür den projicirenden Linien eine schräge Lage gegen die Projectionsebene giebt.

Folgende wichtige Sätze, welche im ersten Heft für rechtwinklige Projectionen aufgestellt worden sind, lassen sich auch auf schiefwinklige übertragen:

1) Ist eine Linie ab mit der Projectionsebene parallel, so ist deren Projection a'b' gleich und parallel der Linie im Raume. Denn wenn man statt der im ersten Heft § 10 u. ff. vorausgesetzten projicirenden Lothe schiefe, aber unter sich parallele pro=jicirende Linien annimmt, so läßt sich die dort gegebene Betrachtungs=weise auch auf den jetzigen Fall übertragen, nur daß dort die Linie ab, deren Projection a'b' und die beiden projicirenden Linien ein Rechteck bildeten, im vorliegenden Fall aber ein schiefwinkliges Parallelogramm entsteht.

Daher sind auch 2) Winkel, deren Schenkel parallel der Projectionsebene sind, und Figuren, welche in einer mit der Projectionsebene parallelen Ebene liegen, gleich, resp. congruent den Winkeln und Figuren im Raume.

Ferner entsprechen 3) parallelen und gleichen Linien auch parallele und gleiche Projectionen. Während die vorstehenden Sätze sowohl für rechtwinklige, wie für schiefwinklige Projectionen gelten, können andere Sätze nicht von den ersteren auf letztere übertragen werden. So ist 4) die Projection einer auf der Projectionsebene MN senkrechten Geraden ab Fig. 75 bei schiefwinkligen Projectionen nicht ein Punkt, sondern eine Gerade bc, wenn ac eine projicirende Linie darstellt. Sind die auf MN senkrechten Geraden ab und a'b' Fig. 75 gleich, so sind deren Projectionen bc und b'c' gleich und parallel. Betrachtet man ab und a'b' als die auf der Ebene MN senkrechten Ordinaten der Punkte a und a', so kann man sagen: die schiefwinkligen Projectionen aller auf der Bildebene senkrechten Ordinaten sind unter sich parallel. Sind die senkrechten Ordinaten gleich, so sind auch deren schiefwinkligen Projectionen gleich.

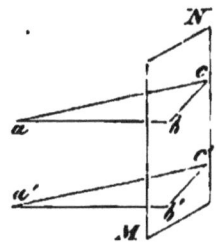

Fig. 75.

5) Die Projection bc einer auf der Projectionsebene senkrechten Geraden (Ordinate) ab Fig. 75 ist kleiner, gleich oder größer, als die Gerade ab, je nachdem der Neigungswinkel acb der projicirenden Linie ac größer, gleich oder kleiner, als 45° ist. Denn es ist bc = ab . cotg . acb. Je nach der Wahl des Winkels acb hat man daher jede Ordinate ab zu reduciren, wobei der Reductionscoefficient $\frac{bc}{ab}$ = cotg . acb ist. Diese Reduction kann man am einfachsten mit Hilfe eines Proportionalzirkels bewirken. Um dieselbe ganz zu umgehen, darf man nur den Winkel acb = 45° wählen.

§ 86.

In der Regel nimmt man bei schiefwinkligen Projectionen die Bildebene entweder horizontal oder vertikal an, und zwar im letztern Falle entweder parallel der Längen= oder der Breitendimension. Daher erscheinen nach § 85, 1 in jeder dieser Lagen zwei Dimensionen in der wahren Größe, während die dritte Dimension nach § 85, 5 kleiner, gleich oder größer, als die Dimension im Raume erscheint, je nachdem der Neigungswinkel der projicirenden Linien gegen die Bildebene größer, gleich oder kleiner, als 45° ist.

Nach diesen Bemerkungen kann es keine Schwierigkeit haben, aus einer rechtwinkligen Projection die schiefwinklige abzuleiten oder auch einen Gegenstand unmittelbar nach den Grundsätzen der schiefwinkligen Projectionsmethode aufzunehmen.

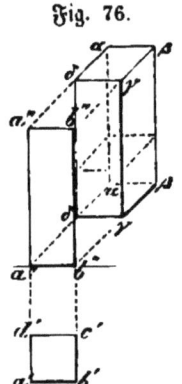

Fig. 76.

Wenn z. B. der Grundriß a'b'c'd' und der Aufriß a″b″b″a″ eines Prismas Fig. 76 gegeben ist und man nimmt den Aufriß als die Projectionsebene für die schiefwinklige Projection an, so erscheinen die mit dem Aufriß parallelen Dimensionen nach § 85, 1 unverändert. Wählt man nun die projicirenden Linien so, daß deren Neigungswinkel gegen den Aufriß 45° beträgt, so erscheinen die auf dem Aufriß senkrechten Geraden, welche man aus dem Grundriß zu entnehmen hat, nach § 85, 5 ebenfalls in der wahren Größe, nur hat man sich noch über deren Lage in der Bildebene zu entscheiden. Nimmt man deren Neigungswinkel gegen die horizontale Axe = 45° an, so ziehe man von den Punkten a″, b″ Linien unter 45°, mache a″ α = a″ a'; b″ β = b″ b'; b″ γ = b″ c' und a″ δ = a″ d', so ergeben sich die schiefwinkligen Projectionen der Eckpunkte des Prismas.

Unter derselben Voraussetzung ergiebt sich auch leicht die schiefwinklige Projection eines Würfels Fig. 77, auf dessen sichtbaren Seitenflächen Kreise eingeschrieben sind. Der Grundriß ist als Bildebene angenommen, daher die in demselben liegende Figur unverändert erscheint

die den beiden anderen Flächen entsprechenden Ordinaten werden, nach d[...]
deren Richtung c g ∥ b f ∥ a e gewählt ist, unverkürzt auf die zweite u[...]
dritte Fläche übertragen.

Um einen geraden Cylinder, dessen Achse lothrecht steht, auf ei[...]
lothrechte Ebene unter der vorigen Voraussetzung zu projiciren, stelle m[...]

Fig. 77. Fig. 78.

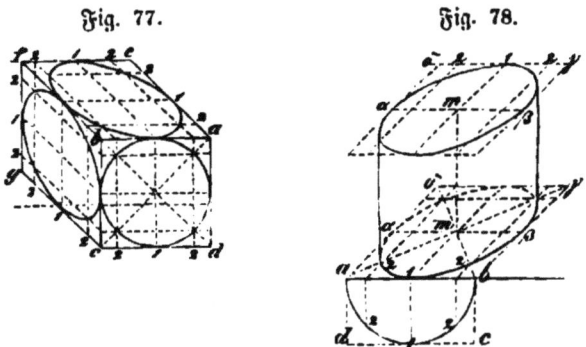

dessen halbe Grundfläche, welche in das Rechteck a b c d Fig. 78 ein
geschrieben ist, im Grundriß umgeklappt dar. Hat man die Richtun[g]
der Ordinaten a δ ∥ b γ gewählt, so mache man a α = α δ = a d un[d]
b β = β γ = b c, dann ist α β die Projection des Durchmessers a b
hierauf trage man die im Grundriß angenommenen Ordinaten ober= un[d]
unterhalb α β an und nachdem man die, unverkürzt erscheinende Axe de[s]
Cylinders m m aufgetragen hat, verfahre man in Bezug auf die obe[re]
Grundfläche ebenso, wie in Bezug auf die untere.

———•••———

Druck von A. Th. Engelhardt in Leipzig.